基于多模态机器学习的舞弊审计研究

谭建华◎著

中国财经出版传媒集团
中国财政经济出版社
北京

图书在版编目（CIP）数据

基于多模态机器学习的舞弊审计研究／谭建华著. --北京：中国财政经济出版社，2024.3

ISBN 978-7-5223-2830-0

Ⅰ.①基… Ⅱ.①谭… Ⅲ.①机器学习-应用-会计检查-研究 Ⅳ.①F231.6-39

中国国家版本馆 CIP 数据核字（2024）第 042251 号

责任编辑：温彦君　　　　责任校对：张　凡

封面设计：智点创意　　　　责任印制：史大鹏

基于多模态机器学习的舞弊审计研究

JIYU DUOMOTAI JIQIXUEXI DE WUBI SHENJI YANJIU

中国财政经济出版社 出版

URL：http：//www. cfeph. cn

E-mail：cfeph@ cfeph. cn

社址：北京市海淀区阜成路甲 28 号　邮政编码：100142

营销中心电话：010-88191522

天猫网店：中国财政经济出版社旗舰店

网址：https：//zgczjjcbs. tmall. com

中煤（北京）印务有限公司印刷　各地新华书店经销

成品尺寸：170mm×240mm　16 开　14.75 印张　186 000 字

2024 年 3 月第 1 版　2024 年 3 月北京第 1 次印刷

定价：66.00 元

ISBN 978-7-5223-2830-0

（图书出现印装问题，本社负责调换，电话：010-88190548）

本社质量投诉电话：010-88190744

打击盗版举报热线：010-88191661　QQ：2242791300

前言

Preface

公司财务舞弊历来是全社会关注的焦点，国内外资本市场频繁发生的上市公司财务舞弊事件已成为世界性公害。中国上市公司财务舞弊丑闻屡见不鲜，如康美药业、欣泰电气、大智慧、康华农业等，遍及各行各业，摒弃了“诚信为本，操守为重，坚持准则，不做假账”的职业操守。公司财务舞弊反映了社会整体信用体系的缺失，不仅使财务报告的可靠性急剧下降，而且损害了外部投资者的合法权益，给整个社会带来严重的财富损失。因此，审计师如何侦测公司财务舞弊成为理论界与实务界都非常关注的问题。

在大数据时代，公司财务舞弊行为更加隐蔽，舞弊者有更高明的手段操纵财务指标，审计师采用单独的财务信息很难捕捉财务舞弊的动机并侦测财务舞弊。近年来，非财务信息的文本分析是金融、会计领域的热门话题，非财务信息的价值相关性越来越高。非财务信息因不存在固定披露格式且容易被管理者操纵，因此非财务信息文本被操纵用于迷惑或误导信息使用者的现象普遍存在。管理者通过对年报文本信息操纵配合公司的负面信息隐藏行为，以达到掩饰财务舞弊之目的。基于深度机器学习的文本分析方法，审计师可以提高对非财务信息的可理解性和可信度，进而充分发挥其应用价值。

基于此，全书共分9章，以财务舞弊为研究对象，采用多模态机器学习深度挖掘年报信息，构建“识别→侦测→风险指数构建”的综合分析框架，层层递进地展开研究。第 1 章为导论，阐释研究背景、研究意义、研究方法以及研究贡献。第 2 章为制度背景，介绍公司财务舞弊状况、公司财务舞弊相关法律法规以及公司年报风险信息披露相关法律法规。第 3 章为理论基础，详细介绍财务舞弊相关理论与经济学供求理论。第 4 章为文献综述，包括财务舞弊相关文献综述、机器学习相关文献综述以及文献评述。第 5 章与第 6 章为审计师识别研究，探讨财务舞弊与年报信息披露形式特征、披露主题内容的文本信息操纵。具体地，从情感分析、距离分析、难度分析以及语义分析的角度解读公司财务舞弊时年报文本信息披露形式特征与主题内容的系统性变化。第 7 章为市场识别研究，探讨公司是否利用年报文本信息掩饰财务舞弊。第 8 章为基于多模态机器学习的舞弊审计应用研究。结合公司财务定量信息，重构财务舞弊侦测模型，采用以往年度的年报信息侦测财务舞弊，建立全新的财务舞弊风险指数。第 9 章为本书的结论、局限性与未来研究方向。

本书由南京审计大学谭建华副教授独撰。采用多模态机器学习侦测财务舞弊，是一项新的尝试。此外，本书基于多模态机器学习年报文本信息披露形式特征与主题内容，可以充分挖掘年报文本信息的价值，以丰富会计信息披露的相关研究，为审计师侦测财务舞弊提供直接参考依据。希望本书能在一定程度上发挥智库的作用，对中国注册会计师审计的发展有所裨益。

书中的错误与缺陷，敬请读者批评指正！

谭建华

2024 年 1 月

目录

Contents

第1章　导论

国内外财务舞弊史告诫后人：只要经济利益诱惑足够大、监管等制度安排有机可乘，就会有上市公司不惜以身试法，力图通过财务造假博取不当得利。从英国的南海泡沫事件，到安然财务丑闻，再到银广夏舞弊，直至最近的康得新和康美药业恶性造假，造假与反造假的博弈周而复始。在中国A股市场，会计信息在资本市场上仍然扮演着重要的角色，财务舞弊广受学界和业界的关注，中国上市公司的财务舞弊屡禁不止，愈演愈烈，造假规模不断刷新纪录，造假手段之恶劣不断改变人们对邪恶的认知，严重危害资本市场的健康发展。

随着大数据与多模态信息在会计与财务领域的广泛拓展，企业将生产出海量与财务相关的数据集与多模态信息，学术界开始尝试利用多模态信息融合进行会计研究。在2020年第19届中国实证会计国际研讨会主题报告中，魏明海教授提出："基于主要应用场景的企业多模态信息融合研究正逐步成为会计领域研究的潜在方向。"基于机器学习的多模态融合技术发展，不仅促进了人工智能的进步和大数据的应用，而且会使社会科学的实证研究进入一个新拐点。多模态机器学习使机器从多模态中学习各个模态的信息，实现各个模态信息的交流与转换，涵盖了数字、语义、图像之间的多模态学习。多模态机器学习在提高机器对各个模态的认知能力、加深各个模态的认知深度等方面取得了显著的成效。

在人工智能广泛应用背景下，公司财务舞弊手段更加高明与隐蔽，监管机构利用常规手段不足以充分识别与侦测公司财务舞弊行为。随着大数据与人工智能的兴起，使用先进的机器学习模型侦测财务舞弊迎来了新的机遇。故而，利用机器学习深度挖掘公司层面特征，将有助于排除研究中的混淆因素，增强市场对企业信息的理解，体现大数据分析的技术优势。本书的研究焦点转向多模态机器学习企业年报信息，基于审计师的视角，从情感分析、距离分析、难度分析以及语义分析角度出发，辅助财务定量信息，实现信息验证、信息互补及信息增强，提高信息的使用效率，达到更精准侦测财务舞弊的目的。

1.1　研究背景

人工智能应用和数字经济发展驱动企业生成多模态信息（陈冬梅等，2020）。“模态”体现信息来源的呈现形式，多模态涵盖数字、文字、图像等信息。多模态信息融合利用多模态间的互补性，剔除模态间的冗余性，克服单模态信息的孤岛状、解释力不足的缺陷。对多模态信息的智能解析可以有效识别出“情感”、“语义”、“距离”、“难度”等可视化信息，以辅助理解，实现信息验证、信息互补及信息增强，进而提高信息的使用效率（Baltrusaitis et al.，2019；刘建伟等，2020）。随着大数据与多模态信息在会计与财务领域的广泛拓展，企业将生产出海量与财务相关的数据集与多模态信息，学术界开始尝试利用多模态信息融合进行会计研究。因此，充分利用多模态信息以克服海量、碎片化的高维信息解读问题，占据信息分析处理技术制高点，将成为未来会计行业发展的关键。

公司财务舞弊现象历来是会计领域关注的焦点，近年来，中国上市公司财务舞弊丑闻层出不穷，例如，瑞幸咖啡“财务造假”、獐子岛“扇贝事件”等，遍布各行各业。公司财务舞弊不仅使财务报告的可信度急剧下降，而且严重损害了投资者的合法权益，不利于资本市场的有序发展。然而，财务舞弊的识别难度较大且耗时较长（舞弊发生至处罚的时间间隔通常需要3—5年，甚至更长时间），大部分舞弊公司在舞弊当年依旧被会计师事务所出具标准无保留意见。因此，公司财务舞弊的识别与侦测历来是理论界与实务界关注的话题。现有研究发现财务舞弊公司与非财务舞弊公司在财务指标、公司治理结构等方面存在显著差异（Beneish，1999；Abbott et al.，2004；陈国欣等，2007；汪荣飞和张然，2018）。尽管现有常规财务指标与异常财务指标较为全面，但是在人工智能广泛应用背景下，公司财务舞弊手段更加高明与隐蔽，监管机构利用常规手段不足以充分识别与侦测公司财务舞弊行为。故而，利用机器学习深度挖掘公司层面特征，将有助于排除研究中的混淆因素，增强市场对企业信息的理解，体现大数据分析的技术优势（Loughran and McDonald，2014）。因此，利用机器学习探究公司行为是近年来会计前沿研究的重要趋势。Bao等（2020）区别于以往会计研究方法，采用机器学习法，使用原始会计数字而非财务比率建立财务舞弊预测模型。公司财务舞弊时文本信息特征会发生某些规律性变化，比如文本相似度提高可能是为了掩饰负面信息（Hoberg and Lewis，2017）；文本信息的语调乐观也可以用于隐藏负面消息（Rogers et al.，2011）；文本主题内容对财务舞弊具有一定范围的预测作用（Brown et al.，2020）。但是，现有机器学习相关研究存在诸多不足，都只是基于单一模态的视角探究公司财务舞弊行为，并未综合考虑企业多模态信息，也未区分财务舞弊动机与程度，这将导致单模态信息与舞弊的关系很可能只是相关关系，而非因果关系，在未准确解读其经济内涵的情况下，利用单模态信息与财务舞弊的相关关系预测财务舞弊的可信度较弱。

基于机器学习的多模态融合技术发展，不仅促进了人工智能的进步和大数据的应用，而且会使社会科学的实证研究进入一个新拐点（Athey and Imbens，2019）。多模态机器学习使机器从多模态中学习各个模态的信息，实现各个模态信息的交流与转换，涵盖了数字、语义、图像之间的多模态学习。多模态机器学习在提高机器对各个模态的认知能力、加深各个模态的认知深度等方面取得了显著的成效。随着大数据与人工智能的兴起，使用先进的机器学习模型侦测财务舞弊迎来了新的机遇（Bao et al.，2021）。因此，本书基于多模态机器学习中国上市公司年报，从情感分析、距离分析、难度分析以及语义分析的角度深度解读公司财务舞弊时年报文本信息披露形式特征与主题内容是否存在系统性变化；考察资本市场能否有效识别财务舞弊时年报文本信息的变化规律；最后，基于多模态机器学习企业年报信息对财务舞弊的侦测，构建全新财务舞弊风险指数，将为我国上市公司财务舞弊侦测与防范提供全新的思路。具体而言，研究内容为基于多模态机器学习年报文本信息的公司财务舞弊识别研究；验证资本市场识别财务舞弊需要较长时间周期，突出多模态机器学习识别财务舞弊的必要性；在把握年报文本信息披露规律的基础上，结合公司财务定量信息，重构财务舞弊侦测模型，构建财务舞弊风险指数。

第一，基于年报文本情感分析、距离分析与难度分析的视角探究公司财务舞弊与年报非财务信息文本披露形式特征的关系：相较于未进行财务舞弊的公司，财务舞弊公司的年报文本信息披露形式特征存在何种差异？具体表现为年报文本情感分析（语气语调）、距离分析（相似度）以及难度分析（可读性）如何发生变化？

第二，基于年报文本语义分析的视角探究公司财务舞弊与年报非财务信息文本披露主题内容的关系：相较于未进行财务舞弊的公司，财务舞弊公司的年报文本披露主题内容存在何种差异？具体表现为年报文本语义（主题词汇）如何发生变化？

第三，资本市场能否有效识别公司财务舞弊时非财务信息文本的变化规律：公司财务舞弊时年报非财务信息披露形式特征与主题内容如果存在系统性变化，资本市场能有效识别这一系统性变化吗？识别过程是否需要历经较长时间？

第四，基于多模态机器学习企业年报信息对财务舞弊的侦测，构建全新的财务舞弊风险指数：根据多模态机器学习企业年报信息侦测财务舞弊的重要性与可行性，基于多模态机器学习年报文本信息披露形式特征与主题内容，综合考虑公司财务定量信息，尝试重构财务舞弊侦测模型，采用以往年度的年报信息侦测公司财务舞弊，建立全新的财务舞弊风险指数，用于监管机构加强对资本市场监管，提前发现公司财务舞弊行为。

需要予以说明的是：在年报文本信息披露方面，本书拟采用年报中“管理层讨论与分析”（以下简称 MD&A）文本信息作为分析载体。原因如下：年报 MD&A 部分以清晰明了、易于理解的方式向投资者提供关于公司财务状况、经营成果以及现金流量等重要信息，涵盖了公司重大事项与不确定因素，并结合宏观经济形势变化有效把握公司未来的发展状况。

1.2　研究意义

1.2.1　理论意义

第一，应用新兴技术，为公司财务舞弊问题提供多模态企业信息视角的解释。在大数据时代背景下，公司财务舞弊行为更加隐蔽，使用单模态信息很难识别财务舞弊的动机并侦测财务舞弊。近年来，部分学者开始关注文本信息特征，例如，文本相似度提高可能是掩饰负面信息，乐观语调可能用于隐藏负面消息。然而，现有机器学习相关研究存在诸多不足，都只是基于单一模态的视角探究公司财务舞弊，并未综合考虑企业多模态信息，也未区分财务舞弊动机与程度，这将导致单模态信息与舞弊的关系很可能只是相关关系，而非因果关系，在未准确解读其经济内涵的情况下，利用单模态信息与财务舞弊的相关关系预测财务舞弊的可信度较弱。本书基于多模态机器学习年报信息，为识别财务舞弊提供了全新的视角，突出了新技术背景下会计研究的热点。

第二，将多模态机器学习应用于中文语境的会计研究，体现当前会计研究的“本土化”特点。在机器学习领域，国外学者针对文本披露的水平与披露的透明度进行了长期深入探讨，目前却无适用于中文语境的会计学分析词典与成熟的机器学习程序。鉴于我国制度和文化与国外存在较大差异，中文语义具有多重性与复杂性的特点，很难将国外的研究设计直接推广到我国会计学研究领域。本书尝试采用多模态机器学习技术，结合汉语字、词、句特征与表达方式，综合考虑我国财务报告的披露特点，使用机器学习与手工识别相结合的方法，尝试对年度报告中披露的特征与内容进行提取分析，体现本研究的“本土化”特点。

第三，充分挖掘年报文本信息的价值，有助于丰富会计信息披露的相关研究。高质量的会计信息披露是提高上市公司质量的必然要求，是防范化解重大市场风险的有效手段。国外较早立足于年报文本风险信息披露，探究资本市场参与者对风险文本信息的识别与感知能力。然而，国内系统性探究年报文本信息披露的文献仍然相对较少。公司发生财务舞弊时可能伴随年报文本信息的策略性披露，系列异常表现会体现在年报文本信息披露之中，从财务舞弊侦测的角度有助于充分挖掘年报文本信息的价值相关性。此外，公司财务舞弊行为提供了较好的文本信息披露研究的场景，将有助于拓展会计信息质量的研究。

1.2.2 实践意义

第一，基于多模态机器学习重构财务舞弊模型，构建财务舞弊风险指数，为监管机构侦测公司财务舞弊行为提供全新的手段。早期研究基于财务定量信息侦测公司财务舞弊，本书尝试基于多模态机器学习公司年报文本信息与财务信息，建立实务界普遍认可的多模态机器学习程序，提供公司年度报告的主题词词频数据与披露形式特征数据，重构基于多模态机器学习企业年报信息的财务舞弊侦测模型，进而构建全新的财务舞弊风险指数。多模态信息交叉融合侦测公司财务舞弊，充分利用了人工智能与大数据的优势。因此，本研究可以给市场监管和投资实务提供有益的参考，具有重要的现实意义。

第二，有助于会计信息使用者更好地解读年报文本信息，强化监管机构对公司文本信息披露的监管。鉴于年报文本信息无统一披露范式，披露形式特征千差万别，因而文本信息容易被管理层粉饰，信息使用者很容易被迷惑与误导，不能充分发挥其信息渠道效应。本书聚焦公司年报 MD&A 文本信息披露的系统性变化，会计信息使用者可以充分挖掘年报 MD&A 文本信息的价值，对年报文本信息披露质量作出合理判断，使年报文本信息更容易被理解。因此，本研究有助于缓解文本信息难以被解读与被监管的困境，对会计信息披露质量的认知具有参考价值。

1.3 研究方法

本书以财务舞弊产生的新制度经济学分析、行为经济学分析、财务舞弊动因理论为基础，以规范分析、实证分析、对比分析等方法探究公司财务舞弊前后年报文本信息形式特征、主题内容时序变化规律的影响，旨在研究市场如何有效识别公司利用年报文本信息掩饰财务舞弊行为，初步探究如何利用年报文本信息侦测公司财务舞弊行为。

第一，采用多模态机器学习法对年报信息进行深度挖掘。多模态信息融合是利用文本信息的丰富资源，辅助其他模态信息的分析。对多模态信息的智能解析可以有效识别出“情感”、“语义”、“距离”、“难度”等可视化信息，帮助理解。本书利用 Python 软件从巨潮资讯网下载 2007—2020 年上市公司年报，采用多模态机器学习不仅对年报文本进行情感分析（文本语气语调）、距离分析（文本相似度）、难度分析（文本可读性），尝试充分解读文本语义（文本主题内容），同时结合公司财务定量信息，从多模态视角学习企业年报信息。

第二，识别与侦测公司财务舞弊行为的理论建模和实证检验。其一，本书参照 Bertrand 和 Mullainathan（2003）以及 Klasa 等（2018）的做法，以公司财务舞弊行为为研究对象，在控制公司与年度固定效应的基础上采用多期双重差分法，探讨公司在财务舞弊时的年报 MD&A 文本特征与文本主题内容的变化规律，有效缓解实证研究中的内生性问题，能够对财务舞弊前后文本信息的时序变化有更加全面的了解；其二，采用倾向得分匹配法，以避免在财务舞弊研究中因公司间差异可能对研究结论造成的潜在影响；其三，采用平行趋势假定，检验是否满足平行趋势假定，以确保双重差分模型估计的有效性；其四，采用安慰剂测试，以缓解不同特征公司因其基本特征方面的固有差异对结果产生的内生性干扰。

第三，选取国内外典型的财务舞弊案例进行分析。公司财务舞弊的危害是一个现实性问题，需要获取大量的一手资料数据来支撑各专题的研究。因此，选取国内外不同类型的财务舞弊企业进行案例研究。基于语言学视角全面理解公司在财务舞弊时语言表达上的差异以及公司在掩饰财务舞弊事实时语言表达上有何特征。具体而言，需要全面知悉公司在财务舞弊时会增加何种关键词的信息披露，减少何种关键词的信息披露，这一系统性变化体现何种理论逻辑与经济内涵。

第四，对部分上市公司与年报信息使用者进行调查研究。本书使用多模态机器学习年报 MD&A 文本信息，旨在为相关监管机构提供可借鉴的、全新的侦测财务舞弊技术手段。因此，在调查研究中，一是实地调研上市公司，了解现阶段年报信息披露状况，预判上市公司是否存在信息掩饰的企图；二是实地访谈证券交易所、证监会等外部信息使用者对年报信息关注的重点内容，涵盖监管目的、监管内容、监管手段等。

第五，归纳提炼财务舞弊侦测模型，构建财务舞弊风险数据库。分析公司财务舞弊时年报 MD&A 文本信息的变化情况及其潜在规律，构建基于年报信息的上市公司财务舞弊风险数据库。本研究的成果基于多模态机器学习企业年报信息的财务舞弊风险指数，监管机构能够直接使用全新财务舞弊指数更精准地侦测公司财务舞弊行为。最终以通俗易懂的方式推荐给实务界，助力资本市场健康有序发展，其实践意义突出。

1.4　研究贡献

第一，基于会计学术前沿性研究——多模态机器学习企业年报信息，进行情感分析、距离分析、难度分析以及语义分析，并结合财务定量指标以识别与侦测公司财务舞弊行为，研究设计独特。现有机器学习相关研究存在诸多不足，都只是基于单一模态的视角研究公司财务舞弊，并未综合考虑企业多模态信息，也未区分财务舞弊动机与程度，这将导致单模态信息与舞弊的关系很可能只是相关关系，而非因果关系，在未准确解读其经济内涵的情况下，利用单模态信息与财务舞弊的相关关系来预测财务舞弊的可信度较弱。本研究设计中，采用多模态机器学习，不仅对年报文本进行情感分析、距离分析、难度分析，还尝试充分解读文本主题内容，进行语义分析，同时充分考虑公司财务定量信息，多模态解读企业年报信息，体现出独特的研究设计创新。

第二，从非财务信息文本角度拓展了公司财务舞弊研究，研究视角独特。大数据技术的发展为公司财务舞弊行为的发生提供了条件，增强了财务舞弊的隐匿性。因而，财务指标的预测能力有限，单独的财务信息很难识别财务舞弊的动机并准确侦测财务舞弊。相对于传统财务定量指标，文本信息对财务舞弊的预测作用较常规财务指标的侦测效果更好。本书聚焦多模态企业信息，为识别财务舞弊提供了全新视角，突出了新技术背景下会计研究的热点，形成了独特的研究视角。

第三，尝试构建基于多模态机器学习企业年报信息的财务舞弊风险指数，为监管机构侦测公司财务舞弊提供了全新的方法，实践意义独特。现有研究聚焦财务定量指标侦测公司财务舞弊，本书尝试基于多模态机器学习公司年报文本信息与财务信息，实现多模态信息融合，重构侦测财务舞弊模型，进而建立全新的财务舞弊风险指数。因此，本研究可以给市场监管和投资实务提供有益的参考，凸显出重要的现实意义。

为验证以上逻辑，本书设计如下逻辑框架并进行分析，如图 1 – 1 所示。

本书余下部分安排如下：

第 2 章，制度背景。首先，分析现行公司财务舞弊状况。根据 1994—2017 年公司财务舞弊状况，分别描述财务舞弊年度及行业特征，并分析公司财务舞弊被查处后的市场反应以及监管机构对财务舞弊的监管情况。其次，分析财务舞弊处罚法规以及风险信息披露法规的制度背景。探讨中国财务舞弊处罚法规情况，并重点分析 MD&A 风险信息披露法规。

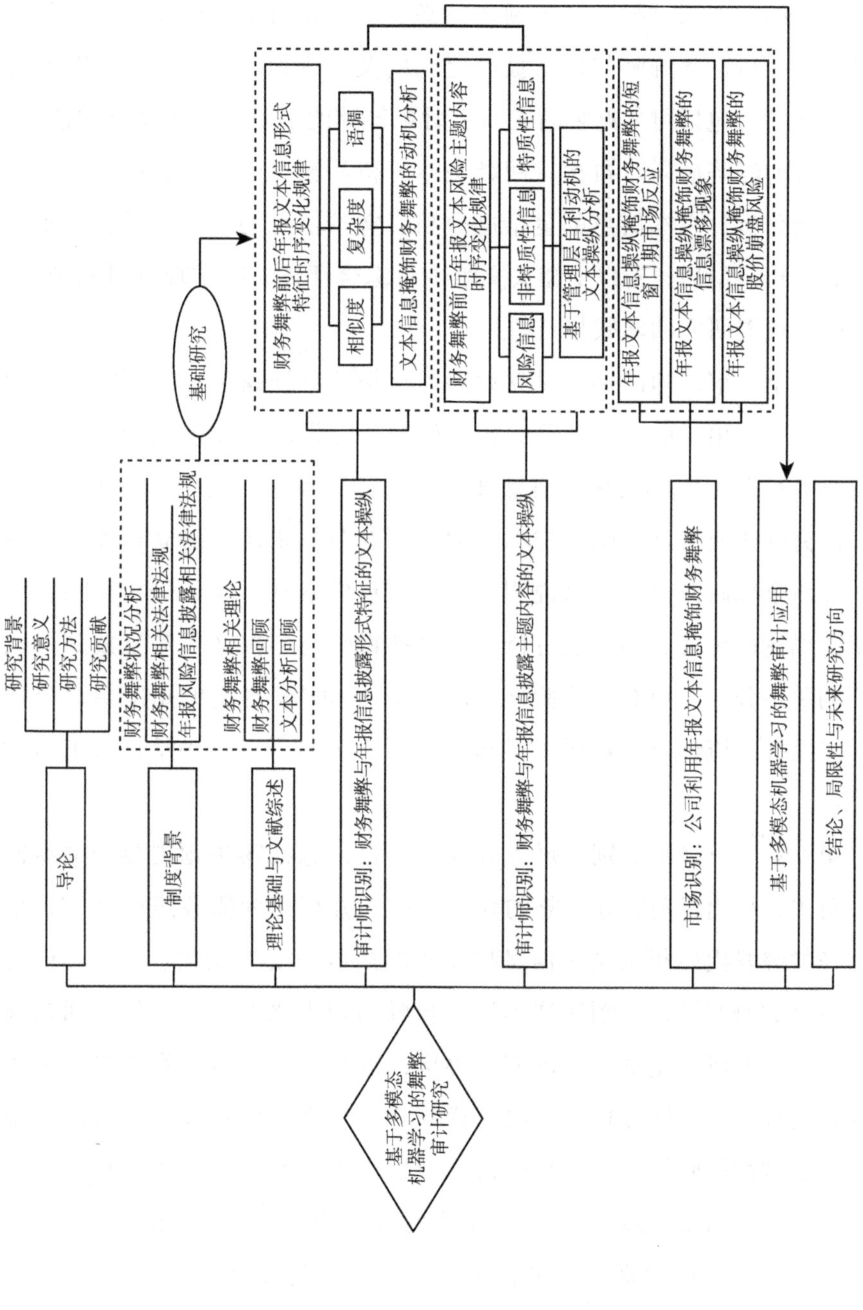
基于多模态机器学习的舞弊审计研究
导论
研究背景
研究意义
研究方法
研究贡献
制度背景
财务舞弊状况分析
财务舞弊相关法律法规
年报风险信息披露相关法律法规
理论基础与文献综述
财务舞弊相关理论
财务舞弊回顾
文本分析回顾
基础研究
审计师识别：财务舞弊与年报信息披露形式特征的文本操纵
财务舞弊前后年报文本信息形式特征时序变化规律
相似度
复杂度
语调
文本信息掩饰财务舞弊的动机分析
审计师识别：财务舞弊与年报信息披露主题内容的文本操纵
财务舞弊前后年报文本风险主题内容时序变化规律
风险信息
非特质性信息
特质性信息
基于管理层自利动机的文本操纵分析
市场识别：公司利用年报文本信息掩饰财务舞弊
年报文本信息操纵掩饰财务舞弊的短窗口期市场反应
年报文本信息操纵掩饰财务舞弊的信息漂移现象
年报文本信息操纵掩饰财务舞弊的股价崩盘风险
基于多模态机器学习的舞弊审计应用
结论、局限性与未来研究方向

图 1-1　本书逻辑框架

第3章与第4章，理论基础与文献综述。首先，从新制度经济学与行为经济学的角度探讨财务舞弊预防的必要性，并归纳总结反财务舞弊相关理论，分析财务舞弊与信息披露之间的关系理论。其次，回顾财务舞弊相关文献。包括财务舞弊的成因、财务舞弊的手段、财务舞弊的侦测、财务舞弊的经济后果。再次，回顾文本分析的相关文献。包括文本信息的相似度分析、文本信息的复杂度分析、文本信息的语调分析、文本风险信息分析。最后，对以上相关文献进行综合评述，归纳现有研究结论，指出时下可能研究的领域与问题。

第5章，审计师识别：财务舞弊与年报信息披露形式特征的文本操纵。首先，提出目前财务舞弊的相关研究，并提出尚需改进的地方，指出财务舞弊发生后年报文本信息披露形式特征系统性变化。其次，进行实证研究的研究设计。阐述样本选取步骤与数据来源，建立相关回归模型，并对全部研究变量予以说明。再次，对样本进行实证分析。除主要变量的描述性统计、相关性分析、对财务舞弊与年报文本信息披露形式特征的关系分析、稳健性检验外，进一步从GONE理论的角度探讨公司利用年报文本掩饰财务舞弊的动机。最后，对本章进行小结，得出本章的结论。

第6章，审计师识别：财务舞弊与年报信息披露主题内容的文本操纵。首先，提出目前财务舞弊的相关研究，并提出尚需改进的地方，指出财务舞弊发生后年报文本信息披露主题内容系统性变化。其次，进行实证研究的研究设计。阐述样本选取步骤与数据来源，建立相关回归模型，并对全部研究变量予以说明。再次，进行实证分析。除主要变量的描述性统计、相关性分析、对财务舞弊与年报文本信息披露内容的关系分析、稳健性检验外，进一步探讨管理层出于自利动机利用年报文本掩饰财务舞弊的情境。最后，对本章进行小结，得出本章的结论。

第7章，市场识别：公司利用年报文本信息掩饰财务舞弊。首先，提出市场能否有效识别公司利用年报文本信息掩饰财务舞弊行为，引出该问题。其次，分析年报文本信息操纵掩饰公司财务舞弊的短期市场反应，提出对应假设；分析年报文本信息操纵掩饰公司财务舞弊的信息漂移现象，提出对应假设；分析年报文本信息操纵掩饰公司财务舞弊的股价崩盘风险，提出对应假设。再次，进行实证研究的研究设计。阐述样本选取步骤与数据来源，建立相关回归模型，并对全部研究变量予以说明。最后，进行实证分析。实证检验年报文本信息操纵掩饰公司财务舞弊的短期市场反应、信息漂移现象以及股价崩盘风险。

第 8 章，基于多模态机器学习的舞弊审计应用。首先，分析现有财务舞弊侦测模型的缺陷；其次，指出年报文本侦测财务舞弊的重要性与可行性，重构文本分析侦测财务舞弊相关模型，尝试用最近年度的文本数据侦测财务舞弊行为，验证了年报文本侦测财务舞弊的可行性；最后，预测结果可用于监管机构加强对资本市场信息监管，提前发现并查处财务舞弊问题，提炼本研究对实务工作的指导意义。

最后，对本书进行总结，讨论结论、局限性及未来研究方向。

第2章　制度背景

2.1　公司财务舞弊状况分析

2.1.1　公司财务舞弊样本的描述性统计分析

本章财务舞弊样本主要来源于证监会的处罚公告，从 CSMAR 数据库中导出 1994—2017 年 A 股上市公司财务舞弊事件，并根据“财务舞弊”与“具体舞弊行为”字段进行手工处理，获得“财务舞弊”样本 4492 个，通过分析这 4492 个公司财务舞弊样本（以下简称样本公司），探究财务舞弊的特征。本章主要依据 COSO《1998—2007 舞弊财务报告》的分析框架以及美国注册舞弊审查师协会（ACFE）《2018 年职业舞弊与贪污全球报告》的研究思路。

表 2-1 对样本的类型、年份、行业、处罚方式、审计意见进行了描述性统计分析。

公司财务舞弊行为类型包括：虚构利润、虚列资产、虚假记载、重大遗漏、披露不实、推迟披露、欺诈上市、擅自改变资金用途、违规买卖股票、内幕交易、操纵股价、一般会计处理不当、占用公司资产、违规担保和其他等。从舞弊类型来看，上市公司财务舞弊除无法确定类型

表 2－1　　　　公司财务舞弊样本描述性统计分析

Panel A 财务舞弊类型统计

财务舞弊类型	样本量（N）	百分比（%）
虚构利润	217	4. 83
虚列资产	18	0. 40
虚假记载	908	20. 21
推迟披露	791	17. 61
重大遗漏	890	19. 81
披露不实	143	3. 18
欺诈上市	8	0. 18
违规买卖股票	553	12. 31
操纵股价	7	0. 16
内幕交易	110	2. 45
违规担保	10	0. 22
占用公司资产	54	1. 20
擅自改变资金用途	27	0. 60
一般会计处理不当	145	3. 23
其他	611	13. 60
合计	4492	100

Panel B 财务舞弊年份统计

财务舞弊年份	样本量（N）	百分比（%）
1994	1	0. 02
1997	2	0. 04
1998	3	0. 07
1999	7	0. 16
2000	18	0. 40
2001	26	0. 58
2002	34	0. 76
2003	56	1. 25
2004	77	1. 71
2005	85	1. 89
2006	116	2. 58
2007	198	4. 41
2008	262	5. 83

续表

Panel B 财务舞弊年份统计		
财务舞弊年份	样本量（N）	百分比（%）
2009	312	6.95
2010	341	7.59
2011	483	10.75
2012	468	10.42
2013	481	10.71
2014	461	10.26
2015	483	10.75
2016	381	8.48
2017	197	4.39
合计	4492	100
Panel C 财务舞弊行业统计		
行业名称及代码	样本量（N）	百分比（%）
农、林、牧、渔业（A）	135	3.01
采矿业（B）	141	3.14
制造业（C）	2621	58.35
电力、热力、燃气及水生产和供应业（D）	164	3.65
建筑业（E）	156	3.47
批发和零售业（F）	252	5.61
交通运输、仓储和邮政业（G）	92	2.05
信息传输、软件和信息技术服务业（I）	300	6.68
金融业（J）	129	2.87
房地产业（K）	236	5.25
租赁和商务服务业（L）	70	1.56
科学研究和技术服务业（M）	29	0.65
水利、环境和公共设施管理业（N）	55	1.22
卫生和社会工作（Q）	21	0.47
文化、体育和娱乐业（R）	53	1.18
综合（S）	38	0.85
合计	4492	100

续表

Panel D 财务舞弊处罚方式统计		
处罚方式	样本量（N）	百分比（%）
批评	1004	22.34
警告	24	0.53
谴责	646	14.38
罚款	478	10.65
没收非法所得	28	0.62
其他	2312	51.48
合计	4492	100
Panel E 财务舞弊审计意见统计		
审计意见类型	样本量（N）	百分比（%）
标准无保留意见	3690	82.15
无保留意见加事项段	395	8.79
保留意见	206	4.59
保留意见加事项段	77	1.71
无法表示意见	124	2.76
合计	4492	100

的“其他”以外，财务舞弊的类型主要为：虚假记载（20.21%）、重大遗漏（19.81%）、推迟披露（17.61%）以及违规买卖股票（12.31%）。从公司财务舞弊年份分布来看，2012 年之后的财务舞弊处罚数量较多。从行业层面来看，鉴于制造业公司样本较多，制造业公司涉及财务舞弊的也较多，从相对数看，财务舞弊占比最高的行业分别是信息传输、软件和信息技术服务业（I）6.68%、批发和零售业（F）5.61%以及房地产业（K）5.25%。从财务舞弊处罚方式来看，处理方式除含糊的“其他”外，批评（22.34%）、谴责（14.38%）和罚款（10.65%）为最主要的处理方式。从审计意见类型来看，审计师在上市公司进行财务舞弊的前一年出具的大多数（82.15%）审计意见是标准无保留意见，仅有17.85%的非标审计意见提出质疑。即使在财务舞弊发生的当年，审计师

出具标准无保留意见审计报告的比例也呈现上升趋势，表明外部审计在识别财务舞弊中的作用十分有限。

本章基于财务报表分析，表2－2对样本公司的财务报表异常特征与非财务报表异常特征进行了统计分析。在财务报表异常特征中，收入增长率、毛利率、长期资产增长率、预付账款增长率、销售费用收入占比等出现频数最多。在非财务报表异常特征中，滥用收入确认会计政策、前五大客户出现隐性关联方等出现频数最多。财务报表异常特征与非财务报表异常特征相互关联，通常以组合形式出现在同一个财务舞弊公司中，比如，在出现较多的收入增长率与毛利率异常的类型中，公司收入增长率异于行业趋势。因此，结合其他非财务报表特征分析，可以有效识别财务舞弊。比如，核查其新增重要客户与供应商是否为关联方或者隐性关联方，公司是否变更会计操纵以及收入核算方法，收入增长是否伴随着长期资产的异常增加等。

表2－2　　　　公司财务舞弊异常识别特征

异常识别特征	识别特征出现次数
一、财务报表异常特征	
收入增长率和毛利率异常	23
长期资产和营业收入指标异常	14
预付账款和营业收入指标异常	10
销售费用和营业收入指标异常	9
应收账款周转天数指标异常	9
存货周转天数指标异常	10
二、非财务报表异常特征	
收入确认不符合会计准则或背离行业惯例	21
前五大客户出现隐性关联方	19
主要客户、供应商变动频繁	18
资金流核查、回款对象与交易对手不匹配	16
上市公司面临退市压力	15

2.1.2　公司财务舞弊处罚的市场反应

根据资产定价模型计算的市场收益率，选取舞弊公司本身的收益率，设定事件发生之前的一段时间作为估计期，将估计出的收益率与市场收益率进行回归，获得 α 与 β，再用 α 与 β 结合实际事件期的市场收益率进行计算，计算结果即为正常收益率，正常收益率减去实际收益率就是超额收益率。本章把事件定义为证券监管机构①发布对公司的舞弊查处公告，先定义相关的事件，而后将事件发生的日期前后一段时间内特定公司股价作为研究对象定量研究，该区间通常被称为事件窗口。事件发生日通常被定义为第 0 天，估计窗口的确定是为了模拟估计股票应该有的正常收益率，估计窗口的时间段取决于研究的具体需要。本章将公告日设计为 T =0，事件窗口设置选用较多的是 30 天、50 天、150 天、180 天。本章根据实际情况将窗口期设定为事件窗口前 150 天，即为 [-180， -30] （见图 2 -1）。

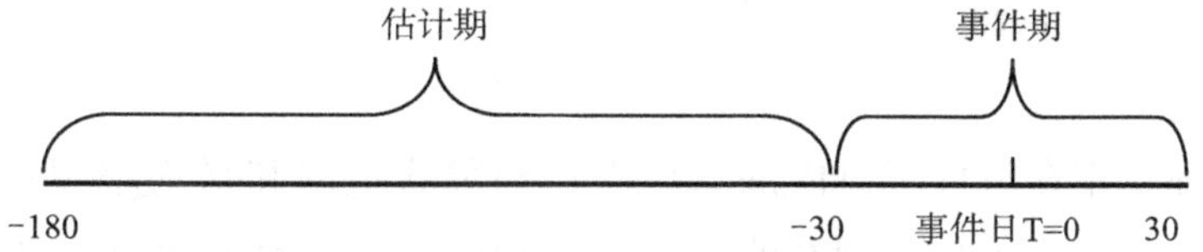

图 2 -1　事件研究示意图

根据经典的市场模型：$R_{it} = \alpha_i + \beta_i R_{mt} + \varepsilon_{it}$。模型中在给出 R_{it} 与 R_{mt} 的前提下可以通过计算得出 α_i 和 β_i。其中 R_{it} 为公司 i 在第 t 天的实际收益率；R_{mt} 为第 t 天的市场收益率②；α_i、β_i 为回归系数；ε_{it} 为随机误差项。

① 本章所指的证券监管机构主要包括：中国证监会、上海证券交易所和深圳证券交易所。

② 本章运用的是国泰安综合交易数据库中的 A 股日收益率。

R_{it}选取的是个股日收益率，计算方法为 $R_{it}=\frac{P_t-P_{t-1}}{P_{t-1}}$，其中 P_t 和 P_{t-1}分别为股票 i 在第 t 日和 $t-1$ 日的收盘价，鉴于股票分红、股票分割等因素可能造成对股价的影响，所以选取的是复权之后的股价数据。根据市场模型公式，采用估计期 150 个交易日的个股收益和市场收益数据，估计 α_i 和 β_i 得出回归系数。

计算处罚信息公告以后事件窗口的期望正常收益：$E(R_{it})=\hat{\alpha}_i+\hat{\beta}_i R_{mt}$

然后可以计算得出该股票在事件日的超额收益率 AR_{it}，样本股票在事件窗口的累计超额收益率 CAR、平均超额收益率 AAR、累计平均超额收益率 $CAAR$ 分别为：

$AR_{it}=R_{it}-E(R_{it})$，样本公司 i 在事件日 t 的超额收益率；

$CAR_t=\sum_{t=1}^{n} AR_{it}$，$n$ 个样本在事件日 t 的累计超额收益率；

$AAR_t=\frac{1}{n}\sum_{t=1}^{n} AR_{it}$，$n$ 个样本在事件日的平均超额收益率；

$CAAR_{t1t2}=\sum_{t=t1}^{t2} AAR_t$，$n$ 个样本在窗口（t_1，t_2）的累计平均超额收益率。

总体样本在事件窗口内的累计平均超额收益率和平均超额收益率走势，在事件窗口内的大部分时间里平均超额收益率的值都位于水平线以下，尤其是在事件发生当日，达到了 -0.9% 的最大值，说明公告日当天的负向反应最为强烈，从累计平均超额收益率 CAAR 来看，在经历了前几个交易日的起伏之后持续下跌，表现出市场对于财务舞弊信息的反应。

非连续舞弊公司舞弊信息产生的市场反应相对连续舞弊公司舞弊信息产生的市场反应波动趋于平缓，除区间［-15，-12］以外，连续舞弊公司的 CAAR 均大于非连续舞弊公司的 CAAR，表明市场对于连续舞弊公司的市场反应比较明显。

2.1.3　公司财务舞弊的监管情况

舞弊公司与监管机构的博弈属于混合策略，监管机构对舞弊公司的监管并非绝对监管或绝对不监管，最佳博弈策略是随机监管。具体而言，第一，公司尝试通过财务舞弊实现自身经济利益最大化；第二，上市公司只有两种策略可供选择：实施财务舞弊与不实施财务舞弊；第三，监管机构主要目的是对潜在舞弊实施监管；第四，在既定可供选择的策略下，上市公司与监管部门的成本、收益均为公共信息。

假设上市公司进行财务舞弊的概率为p，未进行舞弊的概率为（$1-p$）。假设监管部门进行监督的概率为u，不进行监督的概率为（$1-u$）。若监管部门主动监督上市公司，假设其发现上市公司进行财务舞弊的概率为r，未发现舞弊的概率为（$1-r$）。监管部门在不采取主动监督的条件下，假定上市公司被举报的概率为q，未被举报的概率则为（$1-q$）。假使E为上市公司因舞弊而获得的额外收益，A为发现舞弊后对上市公司的处罚，C为监管部门实施主动监督的成本，D为上市公司被举报造成的负面社会影响。根据变量设定，构建如下模型，见表 2－3。

表 2－3　上市公司与监管机构基于财务舞弊的博弈分析

	监督（概率 u）		不监督（概率 $1-u$）	
	发现舞弊（概率 r）	未发现舞弊（概率 $1-r$）	被举报（概率 q）	未被举报（概率 $1-q$）
舞弊（概率 p）	($E-A$, $A-C$)	(E, $-C$)	(E, $-D$)	(E, 0)
未舞弊（概率 $1-p$）	(0, $-C$)	(0, $-C$)	(0, $-D$)	(0, 0)

监督机构的期望收益：E（监督部门）$=Apru+Dqu-Cu-Dq$

求 u 的导数：$p=C-Dq/Ar$

上市公司的期望收益：E（上市公司）$=Ep-Apru$

求 p 的导数：$u=E/Ar$

根据上市公司与监管机构基于财务舞弊的博弈分析可知，第一，监督成本（C）越高，上市公司进行财务舞弊的概率（p）越大；第二，监管机构对财务舞弊的上市公司惩处力度（A）越大，社会影响（D）越大，上市公司财务舞弊概率（p）越低；第三，上市公司通过财务舞弊获得的额外收益（E）越高，监管机构进行监督的可能性（u）越高；第四，对财务舞弊的上市公司惩处力度（A）越大，财务舞弊行为被监管机构发现可能性（r）越高，监管机构进行监督的可能性（u）越低。

通过监管机构对财务舞弊惩处的及时程度与上市公司财务舞弊的持续性进行实证分析，可以验证监管机构对公司财务舞弊的监督效率。以财务舞弊处罚年份与上市公司最早舞弊年份之差衡量监督效率（Supervise）：即 Supervise = 处理年份 - 最早舞弊年份，Supervise 最小值为零，且 Supervise 数值越大，说明监督效率越低。若财务舞弊事件在发生的当年及以后的一年内被查处，则监督效率较高。上市公司财务舞弊的持续性（Persistent）则以持续财务舞弊年数来衡量，对 Supervise 与 Persistent 采用皮尔逊相关系数来分析二者相关性。

本章对监管机构处罚力度与下一年度财务舞弊的关系进行检验，对上市公司财务舞弊处罚的成效予以分析。根据监管机构处罚力度来进行赋值量化，假设“其他”等于0，“批评”等于1，“谴责”等于2，“警告”等于3，“没收非法所得”等于4，“罚款”等于5。鉴于监管机构对公司财务舞弊最直接与有效的处理方式是罚款，因而以2007年的罚款总额为基数，以各年度罚款总额与2007年罚款总额之比作为罚款程度乘数。据此计算某年的处罚力度（X）＝“其他”×0＋“批评”×1＋“谴责”×2＋“警告”×3＋“没收非法所得”×4＋“罚款”×5×罚款程度乘数。以上市公司被处罚后下一年发生的舞弊事件数量（N）来衡量上一年的处罚成效，如M为2006年的处罚力度，N为2007年的舞弊事件数量，对 M 与 N 进行曲线回归来衡量二者的相关程度。

假定上市公司的被解释变量 Fraud 的值存在财务舞弊时为 1，否则为 0；解释变量 OA 的值若管理层薪酬方案中存在期权或股票增值权为 1，否则为 0；操控性应计利润 DAC 由总应计利润减去经过 Jones 模型回归得到的非操控性应计利润后计算得到。考虑控制变量：外部审计师审计意见 Audit，若为标准无保留意见赋值为 0，否则为 1；公司董事会规模 Board，用董事会人数的自然对数衡量；独立董事比例 Indepen，用独立董事人数与董事会人数的比值衡量；股权集中度 SHR，用前十大持股股东持股比例衡量；公司规模 Size，用公司资产总额的自然对数衡量；公司净资产收益率 Roe，用净利润与平均股东权益的比值衡量；公司的资产负债率 Leverage，用负债总额与资产总额的比值衡量。由此构建 Logistic 回归模型：

$$LN\frac{(Fraud)}{1-p(Fraud)} = \alpha_1 + \alpha_2 OA + \alpha_3 DAC + \alpha_4 Audit + \alpha_5 Board + \alpha_6 Indepen + \alpha_7 SHR + \alpha_8 Size + \alpha_9 Roe + \alpha_{10} Leverage + \varepsilon \quad (2-1)$$

表 2 -4 PanelA 对监督效率与上市公司财务舞弊的持续性进行了相关性检验，皮尔逊相关系数为 -0.697，表明监督效率与上市公司财务舞弊的持续性显著相关，即监管机构有效监管可以减少上市公司持续舞弊的行为。表 2 -4 PanelB 列示了对当年的处罚力度与下一年的财务舞弊事件数量进行回归，衡量二者之间相关程度的实证结果。相关性较强的是：S 曲线（S）、二次曲线（Quadratic）和三次曲线（Cubic），结果分别为 0.268、-0.245 与 -0.253，表明监管部门对上市公司处罚力度对公司舞弊的抑制作用不显著，可以归咎于当前监管部门对舞弊的整体处罚力度较低。表 2 -4 PanelC 的 Logistic 模型回归结果表明，是否实行期权或股票增值权计划与公司财务舞弊呈现显著正相关，说明管理层属于自利的动机进行财务舞弊，佐证了以期权或股票增值权为代表的激励机制是管

理层不惜操纵会计数据与年报文本的根源，与后面章节的研究相吻合。资产负债率与财务舞弊在 10% 水平下显著为正，说明企业资产负债率越高，越有可能舞弊。此外，公司董事会规模、独立董事比例、净资产收益率与财务舞弊均在 1% 水平下显著，表明公司治理水平较高以及财务状况较好时舞弊动机较弱。

表 2-4　　监督机构监管与公司财务舞弊的持续性

Panel A 相关性检验			
		查处年份与最早舞弊年份之差	连续舞弊年数
查处年份与最早舞弊年份之差	皮尔逊相关系数（Pearson Correlation）	1.000	-0.697**
	重要性水平 Sig.（1-tailed）		0.000
	协方差（Covariance）	3.439	2.045
	记录数量（N）	1539	1539
连续舞弊年数	皮尔逊相关系数（Pearson Correlation）	0.716**	1.000
	重要性水平 Sig.（1-tailed）	0.000	
	协方差（Covariance）	2.045	1.156
	记录数量（N）	1539	1539

Panel B 回归曲线检验	
曲线类型	相关系数
直线（Line）	-0.068
对数曲线（Logarithmic）	-0.423
逆函数（Inverse）	0.058
二次曲线（Quadratic）	-0.245
三次曲线（Cubic）	-0.253
复合曲线（Compound）	-0.584
幂函数（Power）	0.029
S 曲线（S）	0.268
生长曲线（Growth）	-0.059
指数曲线（Exponential）	-0.046

续表

Panel C Logistic 模型回归结果		
	系数	Sig.
OA（期权或股票增值权）	1. 103	0. 001 ***
DAC（操控性应计利润）	0. 427	0. 113
Audit（外部审计师审计意见）	0. 876	0. 120
Board（公司董事会规模）	-0. 371	-0. 003 ***
Indepen（独立董事比例）	-0. 312	-0. 002 ***
SHR（股权集中度）	-1. 745	0. 056 *
Size（公司规模）	0. 213	0. 13
Roe（净资产收益率）	-2. 145	-0. 001 ***
Leverage（资产负债率）	1. 021	0. 051 *
Constant（常数项）	-1. 327	0. 271
Chi - Square	561. 833	—

注：***、**、* 分别表示 1%、5%、10% 水平下显著（双尾）。

2. 1. 4 财务造假识别预警

财务造假识别预警指的是在财务报告公布当年对上市公司的财报真实情况进行判断，识别具有财务造假可能性的公司，提醒监管当局或投资者该公司有造假的嫌疑，让发现的时间提前，从而达到预警的目的。本书所讨论的财务造假识别预警主要是针对财务造假爆雷的滞后性而言的。从证监会、证券交易所等的公告文件来看，从上市公司实际进行财务造假到监管部门发现并核查公司财务造假行为一般要 1—5 年，更有甚者经过 17 年才被发觉，这一段时间内信息使用者根据接收到的错误信息进行相关的决策会为其带来不可挽回的损失，因此，在公司发布财务报告的时候就对其财报进行分析，判断该公司是否存在财务造假行为，识别出具有财务造假嫌疑的公司，可引起投资者和监管机构的关注，从而进行更深一步的审查，提早发现财务造假行为，以减轻对投资者和市场的损害。

机器学习（Machine Learning）是一类算法的总称，其广泛的定义为“通过计算的手段，利用经验来改善系统自身性能的行为”。在日常生活实践当中存在着海量的数据，这些数据中蕴含着能够被计算机学习的信息，机器学习是从这些海量的数据当中找到内在逻辑，并根据这些内在逻辑生成模型的“学习算法”。就现实运用的方面而言，机器学习是一种选取合适的算法指导计算机对规模庞大的数据进行学习，挖掘其中存在的逻辑信息，并据此训练出模型，然后用该模型对所研究的问题进行预测的一种方法。

机器学习算法有不同的分类方式，本书所涉及的算法是根据数据种类的不同来进行分类，主要分为三个大类：第一类，监督学习，指的是在学习训练时已知所需学习数据的类别，这一类算法主要有逻辑回归和集成方法等；第二类，无监督学习，针对的是未知所属类别的数据集，通过学习训练，发掘其中存在的内在逻辑联系，这一类算法大致包含聚类算法、主成分分析法等；第三类，强化学习程度，介于前两者之间，智能体根据在不同环境中选择采取不同行动从而得到不同的奖赏进行“试错”来指导其下一步的行动，这种学习的目的是使智能体可以得到的奖励达到累积最大。机器学习算法可以对高维、大量、非线性数据进行学习，并从这些“经验”中探索规律产生模型，克服了传统线性回归方法在处理高维数据时可能存在的降维处理损坏数据的情况，并且灵活性强，解决了传统统计方法在应对非结构化信息方面的问题，同时，机器学习算法不受自变量个数的限制，不会因为变量数过多而对模型结果产生影响。

基于此，本书采用机器学习集成算法中的随机森林算法进行建模，识别预警上市公司的财务造假行为。财务指标可以通过公司财务报表中的数据计算获得，是公司的利益相关者了解公司日常经营管理取得的业绩和公司的财务状况的信息来源。目前学术界普遍将财务指标划分成五个大类来衡量公司的具体情形：代表公司还款能力的偿债能力指标、体现公司获利情况的盈利能力指标、显示公司日常运营情况的营运能力指标、展示公司未来潜力的发展能力指标以及公司存续不可或缺的现金流量指标。财务指标能反映公司经营情况，根据财务造假三角理论，当公司经营恶化时，公司的财务指标就会表现出显性的迫使公司实施财务造假的“压力”，同时根据GONE理论，当公司存在以财务造假手段才能达到的某种“需求”时，公司就有进行财务造假的动机。当某一行业处于成熟期的时候，在属于这一行业的不同公司间，由于相关的技术水平已发展成熟，不会表现出明显的差距，那么在其他条件相似的情况下，公司的盈利水平等也应大致相当，没有明显的差距。当公司面临经营困难时，根据财务造假三角理论，其财务指标往往会反映出该公司具有实施财务造假的“压力”，就会产生财务造假的动机，而当一家公司财务状况与行业整体情况出现较大偏离的时候，那么极有可能代表着该公司实施了财务造假。由于财务指标很容易被操作篡改，所以对公司的财务指标进行整体分析，发现其中存在的异常，可以有效分析辨别上市公司财务造假行为。此时，运用机器学习方法构建模型对相关公司财务指标进行学习反馈，则可对公司财务造假情况进行识别预警。就财务指标而言，本书在五大能力的基础上增加了风险状况这一衡量指标，即从六个方面进行分析，以分析财务信息与上市公司财务造假之间的联系，判断上市公司是否存在财务造假情况。偿债能力可以显示上市公司的借贷能力，通过能够代表企业偿债能力的指标，我们可以很好地判断上市公司是否有财务造假的可能性。当上市公司处于正常运营的状态时，其所融资金在公司可以承受的、正常的还款付息范围内时，公司可以合理地采用负债方式获得资金、进行规模扩张；但是在公司偿债能力较差、公司承担的债务超过其正常经营可以承受的范围时，此时公司的财务情况就会向坏的方向转变，产生造假“压力”，此时，上市公司披露真实的财务信息就会影响公司的融资状况，从而导致资金链发生问题甚至断裂，上市公司就会面临破产的情形。为了避免这种问题的发生，上市公司就会粉饰财务报表，以“漂亮”的报表申请新的借款应对财务危机，即上市公司存在实施财务造假的动机，也就是GONE理论中的“需求”。流动比率可以反映公司将资产进行变现并用于还本付息的能力。公司如果存在推迟确认费用以少计成本或者采取将资产过度资本化等违反相关会计规定的行为，就会造成公司的资产质量降低，表现在流动比率上即为低的流动比率水平。资产负债率是反映公司总负债情况的一种指标，在公司采取少计负债隐藏真实的负债水平或者虚增资产迷惑利益相关者时，公司的资产负债率也会出现下降的现象。盈利能力代表着公司通过正常运营获得收入进而产生利润的能力，是公司正常存续、扩张发展的基础。一般情况下，当一家公司的经营业绩表现不好的时候，公司就存在着财务造假的动机。根据三角理论，当公司经营业绩较差甚至净利润为负时，此时公司承受了财务状况恶化的“压力”，同时根据GONE理论，出于提升市场对于公司的信心，迷惑投资者以提振股价的“需求”，上市公司就有动机实施财务造假。与此同时，我国证监会也提出了硬性规定，如果公司接连两年都处于亏损状态，就会在上市公司名字前冠以“ST”警示，如果接连三年公司的净利润都为负值，就会被强制退市，这对公司来说在盈利方面就会有较大的“压力”。这种情况下，部分上市公司为了避开这项规定，就会实施财务造假，蒙蔽监管者。根据学者的研究，上市公司经常采用虚增利润、收入或者采取将不该本期确认的收入提前确认这些方式进行财务造假，这些手段会使实施财务造假的公司其盈利能力“高于”其他总资产类似的未实施造假的公司，使相关指标值异常高。

营运能力是体现公司管理者对资产进行合理利用以获取收益的能力，

可以反映公司资源的运转效率。一般情况下，公司的营运能力与偿债能力关系密切，在公司营运能力较强的情况下，此时公司运营稳健、稳步发展，良好的经营状况带来持续的利润流入，因此其偿债能力也比较强，可以支持公司再融资以扩大生产规模；而当公司营运出现问题的时候，运营效率降低，可能导致公司面临经营困难，进而导致公司偿债出现问题，根据 GONE 理论，出于掩饰公司经营危机、解决偿债问题的“需求”，上市公司就有可能选择财务造假；同时，某些反映营运能力的指标在一定程度上可以凸显出我国上市公司经常使用的财务造假手段，如应收账款。在我国，应收账款这一项目往往是大股东捞取自身利益、掏空上市公司的重要途径。当大股东控制权较高时，根据 GONE 理论，大股东有扩张自身的收益的“需求”，出于“贪婪”的内在想法，就可能通过让公司为其担保或挪占款项等方式直接将公司资金占为己用，或者通过与股东的关联公司进行采购、销售等关联交易或者直接虚构交易事项的方式进行掏空，实施财务造假，采用以上方式进行造假行为的后果会直接表现在财务报表上：公司会在短期内形成大量的应收账款。我们可以采用应收账款周转率、应收账款波动率和预付款项波动率对大股东掏空行为进行衡量和识别预警。发展能力是公司依托自身正常稳健的生产经营活动不断获得收入、赚取利润，从而不断积累资源，实行规模扩张、壮大公司实力的能力，可以反映公司未来的发展潜力。当一家公司健康稳健发展时，该公司的各项财务指标都会有良好的表现，而当一家公司发展能力不足时，其财务造假的可能性就会上升，此时，我们可以通过对其发展能力指标进行年度间发展趋势对比判断，当公司尚未采取可能改善公司发展能力的措施而其发展能力指标表现却突然发生转折时，根据 GONE 理论，上市公司可能存在财务造假情况以迷惑投资者。资本保值增值率可以表明投资者投入上市公司的资本是否遭受损失，也能反映资本的增长情况，该比率越大，说明公司的成长潜力越好。可持续增长率是公司在不改变当前各项政策情况下，公司通过自身积累可以达到的持续经营扩张的程度。现金流量对现代公司的存续起着非常重要的作用，良好的现金流情况可以帮助公司持续稳健地经营下去。目前，我国的会计准则对上市公司会计利润的核算有一定要求，规定了公司应当采用权责发生制的核算方式来计算会计利润，很多公司利用这一制度的漏洞，通过提前确认收入等方式进行利润操纵，而现金流量表的编制采用的不是权责发生制，而是收付实现制，因此，可以通过分析现金流量指标减轻或消除这种利用漏洞进行人为操作所带来的影响，认清公司的实际情况，识别公司财务造假行为。结合偿债能力和盈利能力等指标可以对比分析出公司的真实现金流情况以及应收账款情况，辨别公司收入质量水平，进而分析上市公司是否存在虚增利润等财务造假行为。

综合杠杆能够较为全面地反映公司当前的杠杆情况，是反映公司风险情况的重要指标。综合杠杆系数越大，说明公司每股收益的波动性越高，公司当前面临的综合风险也就越高，当该系数高到一定程度时，上市公司就有可能面临破产风险，即三角理论中所说的“压力”情况，也就有动机进行财务造假，因此本书将该指标作为对上市公司风险状况的度量。公司的财务指标可以通过其财务报表计算获得，最早关于财务造假的研究仅仅是根据财务信息对公司的财务造假行为进行研究。不法者财务造假水平随时代发展变得越来越高，造假的手段越来越多，对单一的财报数据的操纵也变得更熟练。而非财务指标则与财务指标有很大的不同，它无法直接利用报表中的数据计算获得，不易被操纵，但是由于非财务信息的来源过于广泛以至于难以收集获得，并且这些信息的结构或存在形式也多种多样，不易统一，使人们在信息的使用上具有一定的难度，因此人们常常会因这些困难忽视它们。但这些非财务指标包含了上市公司所受压力情况、内部治理和外部因素，能帮助我们全方位地了解公司的信息，并且不易作假，可以作为我们分析判断上市公司是否进行财务造假的重要影响因素。公司的非财务指标包括公司的压力情况、内部治理情况，如董监高情况和公司的股权结构，外部因素则包括来自会计师事务所的审计信息、股票市场带来的影响以及与其他公司的诉讼情况等。虽然非财务指标相对财务指标而言不具有直观可得性，但同样从侧面表现出上市公司的经营管理状况，很多情况下相比财务信息而言显得更加具有说服力。一般情况下，非财务指标往往是以文字的方式存在，与公司货币收支之间无直接关系，并且可以通过多种渠道进行收集；将财务信息与非财务信息结合起来，能够更好地展示公司的整体情况；并且可以通过部分非财务信息直观感受公司的发展情况和可能存在的风险，因此，学术界也越来越重视非财务信息的作用，并逐渐将非财务指标应用到财务造假的识别预警当中，用以提高识别预警的准确性。

上市公司存在于社会大环境当中，外界环境是其经营存续不可分割的一部分，而在我国资本市场环境中能够对上市公司的财务造假行为产生直接影响的，是公司所受到的来自我国证监会的监管压力以及来自市场投资者的压力。这两部分指标构成了财务造假三角理论中“压力”因素的一部分。来自证监会的压力：根据我国法律规定，上市公司如果接连两年净利润为负，其公司名称就会被冠以“ST”标志进行警示，而如果公司连续三年都出现亏损，就会被处以暂停上市，因此，我国上市公司承受的来自证监会对其盈利要求的压力较大。与此同时，一些公司为了达到上市公司资格要求，也有可能进行财务造假，掩盖公司真实的经营数据。来自投资者的压力：上市公司高管层受命对公司的经营管理担负责任从而获取相应的报酬，其薪酬往往会与公司的业绩相关联，同时股东从自身利益出发追求股价的稳定向好发展，他们会将股价稳定性与公司价值的提升同管理层的薪酬待遇挂钩，当上市公司的经营出现问题，公司业绩表现较差时，市场投资者就可能会预期该公司未来的市场价值降低，投资价值降低，此时投资者就会选择“用脚投票”，纷纷选择抛售该公司股票以防止价值下跌为其带来损失，这一行为会对公司的股价造成影响，使股价大幅波动，影响上市公司的价值，损害股东利益，此时，高管层为了让自己的切身利益不蒙受损失，就会进行财务造假，欺骗广大的公众投资者，以达到稳定股价、维护自身利益的目的。随着我国注册制改革的推进实施，我国资本市场越来越重视投资者的主观能动性，我国新修订的《证券法》也为中小投资者参与公司治理提供了途径，引入来自市场投资者的压力这一指标可以探索我国投资者对上市公司的影响情况。

内部治理因素对财务造假识别预警的作用由财务造假三角理论和GONE理论可知，公司内部治理存在的缺陷为上市公司财务造假形成了客观的“机会”。上市公司财务造假行为的产生与公司内部治理因素有着很大的联系，公司内部控制相关的指标可以反映公司的内部环境。现代公司两权分离制度虽然可以让公司拥有专业团队进行经营，有效实现公司价值最大化的目标，但同时也可能带来委托代理问题，导致财务造假情况的发生。一般而言，如果一家公司的内部控制制度越完备，那么它发生财务造假的可能性也就越小。

公司治理结构方面存在的缺陷或漏洞会给财务造假行为提供机会，增加公司实施财务造假的可能性，也即财务造假三角理论和GONE理论中所说的“机会”因素，是为财务造假提供客观可行性的一大因素。而董事会、监事会以及公司高管层是公司内部控制治理体系的重要组成部分，他们的履职行为对公司内部治理的效果来说极为关键。董事会代表着公司的股东，它起着传递股东的意见和决议以及与聘用的管理层之间沟通交流的作用。董事会的规模越大，并且管理机制、决策制定越独立，其对公司的治理效率也就越高，也越能对公司的价值产生正面影响。如果公司的大股东之间存在关联或者利益一致，他们就可能联合起来掏空上市公司，将公司资产纳为自身收益。并且从独立性的角度来看，当一家公司的董事长同时出任该公司总经理一职时，就可能为其进行掏空提供便利，那么存在财务造假的可能性也会更高。独立董事在上市公司内只担任董事一职，而不出任其他职务，并且公司内不存在会对其进行客观判断造成影响的情况。一般情况下，我们认为独立董事具有客观分析公司业务、独立判断公司情况的能力，他们的存在会激励董事会积极参与到对高管层的监督管理当中，提高监管效率。当独立董事工作所在地与上市公司办公地址一致时，独立董事可以更好地参与到对公司的监管当中。与此同时，独立董事的数量越多，在董事会中所占的比例越高，那么他们在整个公司加强监管控制和规范经营管理中所起到的作用也会越强，对上市公司的财务造假行为也会越具有约束力。监事会的存在可以有效地对公司管理人员进行监督管理，防止他们利用自身职权牟取利益。监事会规模越大，行使监管职能的监事也就越多，对于公司的监督管理也会越全面到位，对公司管理层的监督效率也就越高，监事会对公司内部管理进行有效监管，就能有效减少财务造假情况的发生。管理层受到董事会的聘用，对公司的日常经营活动进行管理，上市公司为稳定发展、实现公司价值上升的经营目标，就会组成管理层对公司的经营活动进行计划制定和落地实施。有学者研究发现，在很多情况下，上市公司的财务造假行为都是由于管理层出于自身利益需求而进行的（陈国欣等，2007）。现代公司的经营模式会带来委托代理问题，股东所委托的管理层可能会采取一些不合法规的手段来掩盖由于其未能勤勉尽职导致公司的价值蒙受损失的情况，但这种情况下，股东往往也无法有效地对管理层的行为进行监督，进而导致财务造假情况的发生。一般情况下，高管的薪酬与公司的收入、业绩表现有着密切的联系，当公司经营出现困难、效益不良时，高管为确保自身利益不遭受损失，根据 GONE 理论，出于“贪婪”的原因，管理层就有可能进行财务造假，伪造经营数据以迷惑股东。高管薪酬越高，其可能因为公司经营效益不好所承受的损失越大，实施财务造假的动机也就越强。

审计师可以通过其专业能力和实践经验发现财务造假公司表现异常的财务信息，并出具相应的审计报告，为财务造假的识别预警提供重要指引。上市公司每一年都会聘请会计师事务所对其所要发布的对外报告进行审计，核查财报的真实性并出具相应的审计意见，根据这些专业人员出具的审计意见，可以让我们从专业审计师的角度出发，帮助我们判断上市公司是否进行财务造假。在关于财务造假的研究当中，国内学者对于审计与其之间关系的研究表明，公司若被审计师出具了非标准意见，那么这家公司就极有可能有财务造假行为，并且二者之间显著相关（任朝阳等，2016）。同时，会计师事务所的规模和专业程度也会对审计报告产生一定程度的影响，通常而言，会计师事务所的规模越大、专业性越强，其所出具的审计报告越具有说服力，出现失误的概率也越小，来自审计师的意见可以为我们进行上市公司财务造假识别预警提供有效信息，成为我们判断的重要指引。

2.2 公司财务舞弊相关法律法规

2007 年 1 月 1 日，《中国注册会计师执业准则》正式发布并实施，该执业准则规范了财务舞弊的概念：企业的管理者、治理者、员工抑或第三方采用欺骗的方式谋取非法或不正当利益的故意行为。但是相关法律法规的规定过于轻微且过于宽泛，在公司发生财务舞弊后的惩罚力度不够，比如我国《公司法》规定：对于公司提供的虚假财务报告，或是故意遗漏重要披露信息的，对责任人处以三万元到三十万元的罚款数额。由此法律条文可见，相关法律法规的处罚条例较简单，未对虚假财务报告明确界定，未详细阐述何种违规以何种处罚，同时在惩处时具有主观性。此外，随着市场经济的发展，法律规定的三十万元处罚额，处罚力度相对较轻。面对三十万元的上限处罚，诸多管理层会认为财务舞弊的收益大于成本，铤而走险的利益回报可能没有上限，远超三十万元的上限处罚，因此一些管理层不惜触碰法律的底线。

近些年来，国际及国内证券市场的若干财务舞弊案（如银广夏、世通等）都披露了审计合谋的存在性和它的主要危害性，在这样的大环境背景下，产生了审计合谋理论。审计合谋，是指审计师和会计师事务所与被审计单位的经营者相互串通，提出虚假审计报告的社会经营活动。它是在财务报表审核过程中，利用注册会计师已经丧失了审计独立性的基础条件，积极满足被审计单位的财务数据造假或者提出虚假财务信息的要求，对财务报表中的虚假信息加以确认的经营活动。我国上市公司治理结构缺陷是审计合谋的重要原因，主要表现在我国国有企业管理者主导企业事务的负面影响。因此，聘请审计单位的权力实际上不由股东行使，而是由企业管理者决定。由管理层给审计服务单位提供报酬，对审计服务单位公正评估管理层有不良影响。担任审计单位业绩报酬的实际控制人，企业管理者在追求自身利益和业绩评价方面很容易与审计单位进行合谋。作为利己主义者，公司管理者会关注注册会计师在最终审计报告中能否表现出对公司业绩和自身利益产生积极影响的评价信息。这些信息不但影响公司未来的发展，而且与公司管理者的业绩评价有着密切的关系。因此，如果注册会计师在审计过程中因利益问题与公司管理者勾结，就会降低审计质量，最终导致审计失败。不过，鉴于中国审计市场业务少但事务所多的状况，审计服务提供者的会计师事务所和注册会计师为了获得顾客利益和资源，常常会牺牲审计服务质量，去满足审计客户的各种要求。作为市场经济的主体，审计业务本身就需要获取巨大利润才能保证事务所的利益，所以审计工作中既要维护股东的权益，又要平衡事务所的利润，而寻求在上述条件间达成平衡点也是会计师事务所的难题。如果注册会计师为个人利益最大化，忽视股东权益，和企业管理人员勾结，则很可能引起审计失败。

法律有广义和狭义之分，狭义的法律指全国人民代表大会及其常务委员会制定的规范性法律文件，不包括宪法在内，而广义的法律是指中国法律的整体，是包括宪法、法律、行政法规、地方法规、规章和自治条例等具有普遍约束力的总和。而在本书中所涉及的法律即为广义上的法律。规制，广义上指任何形式的行为控制，狭义上指由较高主体控制，通过集中化的公法，指导和约束受规制者行为的过程。规制具有强制性，其本质是强制受规制者从事他们愿意的业务，而非强制其从事他们不想做的事情。而在本书中的规制则是狭义上的规制。由上述阐述可知，法律规制即由立法者通过国家立法确立规则，由国家强制力保证实施，通过法律法规的形式指导和约束人们行为的法律制度。在本书中所涉及的法律规制是指立法者通过国家立法确立规则，由国家强制力保证实施，通过法律法规的形式指导和约束市场经济主体行为的法律制度，包括证券法、刑法修正案（十一）以及退市新规等。

为改善资本市场的投融资环境，建立健全有序合理的资本市场秩序，上市公司首次公开发行股票（IPO）注册制已实施。中国实行注册制旨在减少在上市审核过程中发审委对被审公司的实质性审核，加强对上市公司信息披露的后续监督管理，将投资价值的功能交还给市场，强化市场的作用。因此上市公司审核阶段责任分工更加明确，更加透明公开，充分体现了政府进行市场化改革的决心，监管机构将不再为上市公司后续持续经营能力背书。因此，上市公司信息披露愈发重要，投资者需要直面财务舞弊等虚假信息披露带来的投资风险。同时，为维护市场化、法制化、常态化的信息披露制度，资本市场改革加大了对财务舞弊等重大违法违规行为的处罚力度，伴随上市公司退市制度的不断完善，上市公司财务舞弊将面临更加严厉的处罚。

2014年10月16日，中国证监会颁布了《关于改革完善并严格实施上市公司退市制度的若干意见》，对上市公司的退市提出了明确的制度安排，尤其是“实施重大违法公司强制退市制度”，重点针对欺诈发行、重大信息披露等违法行为，因涉嫌犯罪被证监会依法移送公安机关的，证券交易所应当暂停或终止其股票上市交易，落实《证券法》关于暂停上市与终止上市的有关规定。2018年11月16日，中国沪深交易所发布《上市公司重大违法强制退市实施办法》，明确提出对上市公司违法违规行为的严厉处分和严肃处理，也表明了中国资本市场监管方对于上市公司舞弊行为坚决制止的态度。中国资本市场的法制环境不断优化，上市公司的治理水平得到显著提升，但依旧存在诸多不规范之处，舞弊的案例仍旧层出不穷。

2.3 公司年报风险信息披露相关法律法规

风险信息披露是指上市公司通过招股说明书、定期报告和临时报告等形式，向投资者、社会公众公开披露与公司风险相关信息的行为。中国上市公司年报信息披露法律法规可分为如下四个层次：第一层次是基本的法律法规，比如《证券法》等；第二层次是中国证监会制定的制度规范；第三层次是证券交易所制定的系列规则，比如《上海证券交易所股票上市规则》，系列规则由公司自行进行操作；第四层次是指引文件，由中国证监会颁布。具体的与风险信息披露相关的披露法规如下：中国证监会于2003年发布的《公开发行证券的公司信息披露内容与格式准则第1号〈招股说明书〉》、中国证监会于2007年起至今多次修订的《公开发行证券的公司信息披露内容与格式准则第2号〈年度报告的内容与格式〉》、中国证监会于2006年发布的《公开发行证券的公司信息披露内容与格式准则第11号〈上市公司公开发行证券募集说明书〉》。以上准则与法规的实行都具有强制性，公司必须严格按具体要求如实披露。

首先，上交所和深交所规定，上市公司出现下列使公司面临重大风险情形之一的，应当及时向本所报告并披露：发生重大亏损或者遭受重大损失，发生重大债务、未清偿到期重大债务或者重大债权到期未获清偿，可能依法承担的重大违约责任或者大额赔偿责任，计提大额资产减值准备，公司决定解散或者被依法强制解散，公司预计出现资不抵债（一般指净资产为负值），主要债务人出现资不抵债或者进入破产程序，公司对相应债权未提取足额坏账准备，主要资产被查封、扣押、冻结或者被抵押、质押，主要或者全部业务陷入停顿，公司因涉嫌违法违规被有权机关调查或者受到重大行政、刑事处罚，公司董事、监事、高级管理人员因涉嫌违法违规被有权机关调查或者采取强制措施而无法履行职责或者因身体、工作安排等其他原因无法正常履行职责达到或者预计达到三个月以上，本所或者公司认定的其他重大风险情况。

其次，"内容与格式准则第1号"第四节风险因素中规定："发行人应当遵循重要性原则，按顺序披露可能直接或间接对发行人生产经营状况、财务状况和持续盈利能力产生重大不利影响的所有因素，发行人应针对自身的实际情况，充分、准确、具体地描述相关风险因素。"发行人应对所披露的风险因素做定量分析，无法进行定量分析的，应有针对性地作出定性描述，有关风险因素可能对发行人生产经营状况、财务状况和持续盈利能力有严重不利影响的，应作"重大事项提示"。

再次，"内容与格式准则第2号"第四节第28条中规定："公司应当针对自身特点，遵循关联性原则和重要性原则披露可能对公司未来发展战略和经营目标的实现产生不利影响的风险因素（例如政策性风险、行业特有风险、业务模式风险、经营风险、环保风险、汇率风险、利率风险、技术风险、产品价格风险、原材料价格及供应风险、财务风险、单一客户依赖风险、商誉等资产的减值风险，以及因设备或技术升级换代、核心技术人员辞职、特许经营权丧失等导致公司核心竞争能力受到严重影响等）。披露的内容应当充分、准确、具体，应当尽量采取定量的方式分析各风险因素对公司当期及未来经营业绩的影响，并介绍已经或计划采取的应对措施。对于本年度较上一年度的新增风险因素，公司应当对其产生的原因、对公司的影响以及已经采取或拟采取的措施及效果等进行分析。若分析表明相关变化趋势已经、正在或将要对公司的财务状况和经营成果产生重大影响的，公司应当提供管理层对相关变化的基本判断，尽可能定量分析对公司的影响程度。”

最后，上市公司公开发行证券募集说明书，其内容与招股说明书中要求的一致，均要求上市公司披露关于业务经营、宏观政策、财务、技术、市场等一系列对公司未来发展战略和经营目标实现产生影响的全部因素，与国内相比，美国 SEC2005 年对年度报告的风险信息披露项目作了详细的规定。并且每年都在不断地进行修订和完善，而风险信息披露在美国上市公司的年度报告中是一个相对独立的部分，在年报中是重要内容。《全球风险报告》将风险划分为经济风险、环境风险、地缘政治风险、社会风险以及技术风险，并评估了 31 项全球性风险的严重性、发生概率和潜在影响力。当前，由于地缘政治紧张局势等因素，经济前景日趋黯淡，各国面临与日俱增的严峻挑战，中央经济工作会议将“着力防控债务风险”列为 2014 年经济工作的六项主要任务之一。国家“十二五”规划强调“要积极面对国内外环境的复杂变化和重大风险挑战，尤其要高度重视财政金融领域存在的风险隐患”。中共十八大报告指出，世情、国情、党情继续发生深刻变化，我们面临的发展机遇和风险挑战前所未有。我国高度重视风险管理，早在 2006 年就发布《中央企业全面风险管理指引》，要求中央企业培育良好的风险管理文化，建立健全全面风险管理体系。为了加强和规范企业内部控制，提高企业经营管理水平和风险防范能力，促进企业可持续发展，维护社会主义市场经济秩序和社会公众利益。第二十二条要求公司就行业竞争格局和发展趋势、未来发展战略、下一年度经营计划以及未来面对的风险等因素进行分析。因此，应对与管理风险是我们必须面对的重要工作。

2014 年、2015 年和 2016 年证监会对 2 号准则进行了修订，但“管理层讨论与分析”中对于风险披露的要求无实质性改变。除了“管理层讨论与分析”部分，2 号准则也对年报中其他部分的风险披露作出了规定，比如，2012 年至 2014 年要求“公司应当在年度报告目录后单独刊登重大风险提示。公司对风险因素的描述应当围绕公司的经营状况，遵循重要性原则披露可能对公司未来发展战略和经营目标的实现产生不利影响的重大风险，并根据实际情况披露已经或将要采取的措施”。此外，2012 年后该准则要求公司在“重要事项”和“公司治理”部分披露相应风险，但实践中该部分披露无实质性信息。中国证监会于 2007 年颁布的《公开发行证券的公司信息披露内容与格式准则第 2 号——年度报告的内容与格式》中提出要求，公司在年报中“管理层讨论与分析”部分需要根据自身特点进行风险披露与揭示，如实、准确地披露对公司生产经营与未来发展战略实现所带来的不利风险因素。

中国上市公司年报风险信息披露法规汇总如表 2 - 5 所示。

表2-5　　中国上市公司年报风险信息披露法规汇总

年度	重要提示、目录和释义	管理层讨论与分析	重要事项	公司治理
2007		（1）公司存在其控制下的特殊目的主体时，应介绍公司对其控制权方式和控制权内容，并说明公司从中可以获取的利益和对其所承担的风险。（2）公司应当遵循重要性原则披露可能对公司未来发展战略和经营目标的实现产生不利影响的所有风险因素（包括宏观政策风险、市场或业务经营风险、财务风险、技术风险等），公司应当针对自身特点进行风险揭示，披露的内容应当充分、准确、具体。同时公司可以根据实际情况，介绍已（或拟）采取的对策和措施，对策和措施应当内容具体，具备可操作性。		
2012	（1）如年度报告涉及未来计划等前瞻性陈述，同时附有相应的警示性陈述，则应当声明该计划不构成公司对投资者的实质承诺，请投资者注意投资风险。（2）公司应当在年度报告目录后单独刊登重大风险提示。公司对风	（1）非金融类公司委托理财及衍生品投资的情况。公司应当披露资金来源、合作方、投资份额、投资期限、产品类型、预计收益、投资盈亏，是否涉诉等。如公司有委托贷款事项，应当披露委托贷款借款人、借款用途、抵押物或担保人，以及展期、逾期或诉讼事项及风险应对措施。	年度报告披露后面临暂停上市和终止上市风险的公司，应当披露导致暂停上市或终止上市的原因以及公司采取的消除暂停上市或终止上市情形的措施。面临终止上市风险的公司，应当同时披露终止上市后	监事会在报告期内的监督活动中发现公司存在风险的，公司应当披露监事会就有关风险的简要意见、监事会会议召开时间、会议届次、参会监事以及指定披露网站的查询索引及披露日期等信息；否则，公司应当披露监事会

续表

年度	重要提示、目录和释义	管理层讨论与分析	重要事项	公司治理
2012	险因素的描述应当围绕公司的经营状况，遵循重要性原则披露可能对公司未来发展战略和经营目标的实现产生不利影响的重大风险，并根据实际情况，披露已经或将要采取的措施。	(2) 公司存在控制下的特殊目的主体时，应当披露公司对其控制权方式和控制权内容，并说明公司从中可以获取的利益和对其所承担的风险。(3) 公司应当对未来发展进行展望，就行业竞争格局和发展趋势、未来发展战略、下一年度经营计划以及未来面对的风险等进行分析。	投资者关系管理工作的详细安排和计划。	对报告期内的监督事项无异议。
2014	(1) 如年度报告涉及未来计划等前瞻性陈述，同时附有相应的警示性陈述，则应当声明该计划不构成公司对投资者的实质承诺，请投资者注意投资风险。(2) 公司应当在年度报告目录后单独刊登重大风险提示。公司对风险因素的描述应当围绕公司的经营状况，遵循重要性原则披露可能对公司未来发展战略和经营目标的实现产生不利影响的重大风险，根据实际情况，披露已经或将要采取的措施。	(1) 非金融类公司委托理财及衍生品投资的情况。公司应当披露资金来源、合作方、投资份额、投资期限、产品类型、预计收益、投资盈亏，是否涉诉等。如公司有委托贷款事项，应当披露委托贷款借款人、借款用途、抵押物或担保人，以及展期、逾期或诉讼事项及风险应对措施。(2) 公司存在控制下的特殊目的主体时，应当披露公司对其控制权方式和控制权内容，并说明公司从中可以获取的利益和对其所承担的风险。(3) 公司应当对未来发展进行展望，就行业竞争格局和发展趋势、未来发展战略、下一年度经营计划以及未来面对的风险等进行分析。	年度报告披露后面临暂停上市和终止上市风险的公司，应当披露导致暂停上市或终止上市的原因以及公司采取的消除暂停上市或终止上市情形的措施。面临终止上市风险的公司，应当同时披露终止上市后投资者关系管理工作的详细安排和计划。	监事会在报告期内的监督活动中发现公司存在风险的，公司应当披露监事会就有关风险的简要意见、监事会会议召开时间、会议届次、参会监事以及指定披露网站的查询索引及披露日期等信息；否则，公司应当披露监事会对报告期内的监督事项无异议。

续表

年度	重要提示、目录和释义	管理层讨论与分析	重要事项	公司治理
2015	年度报告涉及未来计划等前瞻性陈述，同时附有相应的警示性陈述，则应当声明该计划不构成公司对投资者的实质承诺，投资者及相关人士均应当对此保持足够的风险认识，并且应当理解计划、预测与承诺之间的差异。公司应当提示需要提请投资者特别关注的重大风险，并提请投资者注意阅读。	（1）公司存在其控制下的结构化主体时，应当介绍公司对其控制权方式和控制权内容，并说明公司从中可以获取的利益和对其所承担的风险。（2）公司应当对未来发展进行展望。应当讨论和分析公司未来发展战略、下一年度的经营计划以及公司可能面对的风险，鼓励进行量化分析。	年度报告披露后面临暂停上市情形的公司，应当披露导致暂停上市的原因以及公司拟采取的应对措施。年度报告披露后面临终止上市情形的公司、因重大违法面临暂停上市或终止上市风险的公司和已披露主动退市方案的公司，应当单独披露退市情况专项报告，并提醒投资者予以关注。	监事会在报告期内的监督活动中发现公司存在风险的，公司应当披露监事会就有关风险的简要意见、监事会会议召开时间、会议届次、参会监事以及指定披露网站的查询索引及披露日期等信息；否则，公司应当披露监事会对报告期内的监督事项无异议。
2016	年度报告涉及未来计划等前瞻性陈述，同时附有相应的警示性陈述，则应当声明该计划不构成公司对投资者的实质承诺，投资者及相关人士均应当对此保持足够的风险认识，并且应当理解计划、预测与承诺之间的差异。公司应当提示需要提请投资者特别关注的重大风险，并提请投资者注意阅读。	（1）公司存在其控制下的结构化主体时，应当介绍公司对其控制权方式和控制权内容，并说明公司从中可以获取的利益和对其所承担的风险。（2）公司应当对未来发展进行展望。应当讨论和分析公司未来发展战略、下一年度的经营计划以及公司可能面对的风险，鼓励进行量化分析。	年度报告披露后面临暂停上市情形的公司，应当披露导致暂停上市的原因以及公司拟采取的应对措施。年度报告披露后面临终止上市情形的公司、因重大违法面临暂停上市或终止上市风险的公司和已披露主动退市方案的公司，应当单独披露退市情况专项报告，并提醒投资者予以关注。	监事会在报告期内的监督活动中发现公司存在风险的，公司应当披露监事会就有关风险的简要意见、监事会会议召开时间、会议届次、参会监事以及指定披露网站的查询索引及披露日期等信息；否则，公司应当披露监事会对报告期内的监督事项无异议。

注：管理层讨论与分析（2007—2014 年被称为“董事会报告”，2015 年改为“管理层讨论与分析”，2016 年改为“经营情况讨论与分析”。）

第3章 理论基础

3.1 财务舞弊相关理论

3.1.1 财务舞弊经济学分析

财务舞弊的本质是一种违背现有会计制度的行为，财务舞弊包括舞弊主体和客体，舞弊主体即舞弊者，舞弊客体即现有会计制度。会计制度的范围比较广泛，包括《会计法》《公司法》《证券法》等法律制度、相应的部门规章及准则解释。在新制度经济学的框架之下，财务舞弊可以根据委托代理理论、不完全契约理论和产权理论予以阐释，探寻财务舞弊产生的制度根源和理论依据，财务舞弊的产生可以从正式制度、非正式制度、制度实施的机制三方面入手。

我国处在转型升级期，市场制度还处在完善之中，制度建设仍在“摸着石头过河”，这为财务舞弊提供了机会。从会计制度来说，我国的会计制度还需完成与国际会计准则趋同等问题，会计制度处在持续的改革中，在此期间企业存在着可裁量的空间，这种可裁量空间提供了财务舞弊的土壤。另外，就上市公司而言，上市公司普遍规模较大，公司治理相对完善，但我国的上市公司大部分为国有控股或持股，国有控股或持股存在着委托代理问题，代表控股或持股的国有资产管理部门本身也是代理人，国有企业的管理者事实上形成了多重代理，这种多重代理在当前制度建设处在完善中的大环境下，上市公司存在财务舞弊的可能。

在转型期的背景下，中国制度环境也在重构中，尤其是商业文明和信用评价体系不完善，商业信用的缺失客观上增加了财务舞弊的可能，企业管理者存在逆向选择和道德风险的次优决策行为，造成“劣币驱逐良币”的恶性循环。第一，公司治理机制方面，由于公司治理机制中存在的层层嵌套的委托代理关系，导致股东与职业经理人之间利益不一致，职业经理人存在利用信息不对称的优势隐藏内部信息，利用财务舞弊手段等道德风险。第二，内部控制体系方面，内部控制机制的薄弱也为财务舞弊提供了基础，上市公司虽然要按规定披露内部控制情况，但实际上内部控制信息的披露存在着较强的形式主义，披露内容、形式单一，或者只披露小问题，掩饰大问题。第三，外部监督方面，外部监督制度不健全，当前外部监督以外部审计为主、媒体监督为辅。外部审计是防止财务舞弊的重要制度保障，但在实践中，上市公司审计报告的非标部分占比很小；从媒体监督讲，媒体监督虽然发挥了一定效应，但只是一种辅助的监督模式。

行为经济学作为近几十年兴起的新兴经济学分支，将行为分析理论、经济运行规律、心理学、经济科学等多学科结合，弥补了传统经济学模型中的错误或遗漏，修正了传统经济学关于人的理性、自利、完全信息、效用最大化及偏好一致基本假设的不足。行为经济学认为人们的行为准则是理性的，人们进行一切经济分析的基础是追求自身利益的最大化，这不同于以往的“经济人”假设，行为经济学考虑了决策者在面对收益和损失时的不同风险态度，行为经济学认为大多数人在面对收益时是风险规避的，面对损失时是风险趋近的，而且在面对损失时这种行为表现的更为敏感（Kahneman and Tversky，1979）。

财务舞弊属于财务行为，财务行为属于典型的行为经济学，企业需要向各利益相关者提供财务信息，股东期望得到投资回报、高管期望得到薪酬的增长和股价的稳定。管理者进行业绩操纵、进行财务舞弊的动机可以分为客观和主观诱因，客观上，企业的经营常常受到各种因素的冲击，在投资不确定性、行业周期等影响下会遇到投资失败、行业低迷等困境；主观上，大股东或管理层可能出于个人利益对业绩进行操纵，这些客观主观原因使管理者存在为实现扭亏为盈或利益输送的财务舞弊。在企业面临困境时，企业盈利无望，企业极有可能面临大幅度亏损，董事会和管理层为了保持股价稳定，尤其是已经连续亏损面临强制退市时，管理层通常表现为风险趋近，倾向于大额计提准备金以为将来预留盈利空间，又称为“洗大澡”；或者企业处在盈亏点附近，管理层通过某些财务手段实现企业“扭亏为盈”。有时还存在另外一种情况，在企业经营正常时的财务舞弊，管理层通过财务舞弊实现向大股东或管理层的利益输送，如通过高溢价收购、虚假收购，然后在财务信息披露中进行乐观表达，在一段时间后计提大额商誉减值准备或宣布重组失败，完成对大股东或管理层的利益输送，这种做法在无形资产占比高的文化影视、软件开发等行业表现尤为突出。

3.1.2 反财务舞弊相关理论

舞弊的对立面是反舞弊，多年来，学术界和实务界一直致力于探讨反舞弊制度建设，最著名的反舞弊理论当属 Treadway 提出的四层次机制理论，四层次机制理论认为一个组织可以通过企业管理理念、企业内部控制、内部审计、外部审计四个方面综合建立反财务舞弊体系，四个方面融合互配、有机结合，共同构筑反舞弊防线。

第一，企业管理理念。企业管理理念是企业在持续经营和长期发展过程中形成的一种企业传统，企业管理理念一般由高层提倡实施，全体员工自觉遵循，其表现为一种企业的团体精神和行为规范。企业管理理念作为企业管理的软环境，既有企业规章制度范式，也有非规章制度范式，企业管理理念有时也可以理解为高层管理理念，有着企业高管的人格烙印，如已有大量研究发现，高管有从军经历时企业更不容易发生舞弊。反舞弊理论认为在大部分情况下，可以通过加大宣传促使企业管理层树立正确的经营观，引导通过建章立制，规范经营行为。总的来说，企业管理理念的构建为一种自发行为，政府通过营造遵纪守法的营商环境促发企业的这种自发行为。

第二，企业内部控制。1972 年，美国审计准则委员会在《审计准则公告》中对内部控制提出了如下定义：内部控制是在一定的环境下，单位为了提高经营效率、充分有效地获得和使用各种资源，达到既定管理目标，而在单位内部实施的各种制约和调节的组织、计划、程序和方法。一般认为内部控制包含控制环境、风险评价、控制活动、信息与沟通、监控五个组成部分，并可分为控制环境、会计系统、控制程序三个方面，事前防范、事中控制和事后监督三个环节。健全的内部控制能提高企业会计信息的正确性和可靠性，也能抑制企业财务舞弊。从反舞弊的角度讲，健全的企业内部控制能抑制财务舞弊的发生，使财务舞弊在某些情况下不可能发生，使已发生的财务舞弊很容易被发现，并较易确定舞弊责任。

第三，内部审计。内部审计是外部审计的对称，内部审计施行的依据是《中华人民共和国审计法》《审计署关于内部审计工作的规定》及相关法律法规，内部审计的目的在于协助企业实行有效的管理，与外部审计互配融合，完善的内部审计机制，不仅可以为外部审计提供可信赖的资料，减少外部审计的工作量，还可以实行内部预警、抑制财务舞弊的发生。完善的内控机制能通过对财务舞弊设置重要性标准，帮助内审部门提示财务舞弊的严重程度，例如：大额的、非正常的或无理由的费用支出、财务造假、违规披露财务信息，内部审计系统可向内审人员发出预警信号。

第四，外部审计。外部审计包括国家审计和社会审计，由国家审计人员或注册会计师对企业经济活动的合理性、合法性、准确性、真实性和效益性进行审查，并对审查结果作出客观公正的评价。外部设计相对于内部审计而言，独立性更强，外部审计形成了抑制企业财务舞弊的一道重要屏障。国家审计是由国家审计机关所实施的审计，其审计主体为审计署以及各省、市、县的审计机关，对被审计单位的财务财政活动、执行财经法纪情况以及经济效益性进行审计监督；社会审计则是指由合法的社会中介机构进行的审计，其审计主体是注册会计师。企业管理理念、企业内部控制、内部审计都是由企业实际控制人或管理层推动实施的，属于公司内部防线，但大多数财务舞弊都离不开企业实际控制人或管理层的直接推动或间接庇护，在企业管理理念、企业内部控制、内部审计不能发挥抑制财务舞弊的功能时，就需要靠外部审计这一道最后的防线，外部审计的重要性不言而喻。

3.2 经济学供求理论

3.2.1 从经济学角度看风险信息的需求

经济学上的需求是指人们在一定的时期内，在某一个价格水平上，愿意购买和能够购买的商品数量。信息也是一种商品，因为一方面公司信息需要经过搜集、加工、整理后才能对外披露，可以理解为一种劳动产品。另一方面信息也是可以用于交换的，可以理解为公司将加工整理后的信息公开披露出来，从而换取融资等利益。商品的需求数量随着价格的增加是逐渐下降的，若把信息视为一种商品，那么信息的需求同样是随着价格的增加逐渐下降的。这里的价格可以理解为信息使用者因获得信息所要支付的价格或从中获得的投资收益。信息使用者为获得高质量信息所支付的价格（或代价）越低、获得的收益越高，则对信息的需求量就越大。

对信息的需求实际可以理解为，一方面，指人们是否愿意取得这些信息，即这些信息的获得是否有益于信息使用者作出决策，若信息本身是虚假的或者是没用的，投资者当然不愿意获得这样的信息；另一方面，指人们是否能够取得所需有用的信息，能获得多少信息。只要取得信息的收益大于成本，人们会尽可能地搜集有用的信息。但往往不同的使用者获取信息的途径不同、分析工具不同，从而获得的有用信息量也有所不同。结合这两方面考虑，信息需求又可以细分为三个问题：谁需要信息、需要什么信息、需要多少信息。

其一，谁需要公司披露的信息，即信息需求的主体。会计信息并不是所有的人都需要它，也并非每个人都愿意花一定的时间去研究和分析它，只有那些与之有经济利益联系的主体，才会去关心和分析企业的会计报告，了解企业的会计信息及相关的信息。在这些需求者之中，有的使用者并不具备相关的专业知识和数据分析能力，他们通常不需要依据公司披露的财务报告、财务数据、行业动态等作决策，他们有的凭着感觉买入卖出股票，有的一味跟着庄家跑，还有的根据内幕消息作决策。这些人实际上属于投机者，他们不关心公司的财务状况、经营成果、治理结构以及公司长远的发展。总而言之，他们不是公司披露信息的有效需求者。其二，信息使用者需要什么信息，即信息需求的客体。这是从信息需求者的角度出发，来看他们究竟需要什么信息。这也包括公司信息披露的质量问题，如果人们难以确定公司披露信息的真实性，理性的投资者不会选择使用这些信息。其三，信息使用者需要多少信息，信息对使用者来说不是越多越好，信息使用者总是在成本效益原则下尽可能多地获得对决策有用的信息。本书重点分析信息需求的主体。

公司风险信息的需求主体主要有：现有和潜在的投资者、债权人、供应商、客户、政府有关部门和公众。不同的风险信息需求主体所需要的公司风险信息侧重点是不同的，如投资者侧重关注公司的盈利能力及股利分配方面的风险信息；债权人侧重关注公司偿债能力的信息；政府侧重关注公司纳税真实性；企业的职工更关注与其切身利益息息相关的风险信息，如公司盈利水平提高能提高职工的福利待遇等；企业内部管理当局既是公司信息的提供主体，同时也是公司风险信息的需求主体，他们需要掌握公司的所有风险信息，包括各种财务和非财务风险信息，作为其经营决策的依据。

由于风险信息主体的多元化及其差异性，究竟应该考虑全部风险信息使用者的所有需求，还是有所侧重地考虑部分使用者的需求？在成本效益的原则下，公司现阶段不可能考虑全部风险信息使用者的所有需求，只能侧重考虑部分风险信息使用者——投资者和债权人的需求。事实上，不同的风险信息需求主体对公司的风险信息需求也有重合的部分，有的公司风险信息是大多数风险信息使用者所共同关心的。投资者和债权人的需求基本上包括了其他风险信息使用者的需求。这样，投资者和债权人的需求得到了满足，其他利益相关者的需求也基本可以满足。那么，中国上市公司的投资者和债权人对公司风险信息需求的状况如何呢？我国的债权人并非真正意义上的市场主体债权人，其中债务人风险信息披露的有效需求是不足的。中国的投资者对公司风险信息披露有效需求不足，大股东不是公司风险信息的有效需求主体，持非流通股的小股东也不是公司风险信息需求的有效主体，机构投资者才是真正的公司风险信息的需求主体。

3.2.2 从经济学角度看风险信息的供给

一方面，我国资本市场上会计信息失真的现象比较严重。上市公司出于经营管理的目的，如保持配股融资资格、提高股票发行价格等，采取粉饰财务状况和经营成果的方法，蓄意歪曲或不愿披露详细、真实的风险信息。同时，我国缺少基本的法律法规保障财务信息的真实性，对披露虚假信息的上市公司处罚力度不强。正是在这种违法利益大大高于违法成本的驱动下，许多上市公司更加肆无忌惮地披露虚假的会计信息。另一方面，我国资本市场上的中小投资者对财务报告的分析和理解能力较差，他们对会计信息相关性的需求明显较低。个人投资者和机构投资者认为上市公司披露的会计风险信息的相关性（即与投资者投资决策是否相关）与可靠性相比，可靠性显得更重要。

但是，我国的机构投资者正在不断壮大，目前公开披露的会计信息含量也越来越不能满足他们的决策需要。会计风险信息的供给也主要是为这些机构投资者而不是为广大中小投资者服务的。由于财务报表本身的局限性，单一的财务报表所提供的风险信息越来越不能满足使用者的决策需要。因此，财务报告的质量首先取决于财务报表的质量，同时也决定于表外信息披露的质量。信息披露不足主要是指某些上市公司披露出来的会计信息形同虚设，没有实质性内容，或者根本没有披露有关会计风险信息。信息披露不足可以分为两方面：一方面是指信息披露规范中对一些信息使用者决策有用的风险信息没有要求披露；另一方面是指信息披露规范虽然要求披露风险信息，但上市公司实际上没有按规定披露。

目前，我国上市公司信息披露不足主要包括以下两类原因：

其一，上市公司对要求披露的公司治理信息“形式重于实质”。尽管上市公司都在财务报告中单独辟出一部分谈公司治理问题，但大多数上市公司仅仅局限于形式，真正涉及实质性内容的很少。从年报中反映出来的公司治理披露来看，一个显著的特点就是千篇一律，形式要远远“重于”其实质内容。也就是说，投资者从上市公司增加的治理信息披露中难以获得新的、有用的风险信息。其二，对重大事件往往报喜不报忧。根据我国《证券法》规定，发生可能对上市公司股票价格产生较大影响而投资者尚未得知的重大事件时，上市公司应提交临时性风险提示报告并予以公告，说明事件实质，并明确了 11 种重大事件。但事实上，对这 11 种重大事件中的某些事件，上市公司几乎很少主动履行披露义务。

3.2.3 财务舞弊与会计信息披露理论

有效市场假说又被称为有效市场理论，有效市场假说主要围绕强制性信息披露这一主题展开。按照市场有效程度可以分为弱式有效市场假说、半强式有效市场假说、强式有效市场假说三种有效形式。弱式有效市场假说认为市场价格只能充分反映出证券的历史价格信息，如股票的成交价、成交量、交易金额等。半强式有效市场假说认为市场价格能充分反映已公开的有关公司营运前景的信息，这些公开的信息包括成交价、成交量、盈利资料、盈利预测值、公司管理状况及其他公开披露的财务信息等，若投资者能迅速获得这些信息，股价就会迅速作出反应。强式有效市场假说认为市场价格已充分地反映了所有关于公司营运的信息，这些信息包括已公开的或内部未公开的信息。但也有大量的研究发现，强式有效市场假说只是一种理想状态，发达国家证券市场更接近于半强式有效市场状态，现阶段我国的证券市场处于接近于弱式有效市场或由无效到弱式有效市场过渡的阶段。

有效市场假说为抑制财务舞弊提供了理论支持。第一，有效市场假说为政府对市场效率实施的干预提供了理论支持，有效市场可以降低交易成本和信息成本，打击舞弊和内幕交易行为，促使信息在市场上充分、迅速、准确和对称地流动，政府监管的存在是必须而且重要的，在非完全有效市场中离不开严格的监管。第二，有效市场假说为政府监管提供了可靠的参考和评价标准，并以信息披露为中心评判市场的有效性和监管效果。第三，有效市场假说对有效市场的划分能帮助政府准确客观地把握本国的市场有效性状况，有利于政府制定符合本国市场的目标和战略，制定、调整相应的政策。

乔治·阿克罗夫（AkerlofG）、迈克尔·斯彭斯（SpenceM）、约瑟夫·斯蒂格利茨（Stigliz JE）三位经济学家在20世纪70年代对信息不对称理论的论述为市场经济的研究提供了一个新的视角。信息不对称理论认为在市场经济活动中，各市场参与人员对有关市场信息的了解是有差异的，信息掌握比较充分的参与者往往处于比较有利的地位，信息掌握不足的参与者往往处于不利的地位。造成会计信息不对称的原因包括：第一，会计信息获取时效性上，作为代理人企业管理者的内部人员了解信息要早于作为委托人的外部使用者。第二，会计信息内容上，作为内部人员的企业管理者掌握信息的数量和质量要优于作为委托人的外部使用者。第三，委托人与代理人在各自追求自身利益最大化时，两者的行为目标往往不一致，作为内部人员的企业管理者也是信息的提供者，在提供信息时出于种种目的，如为了获取高额薪酬或逃避惩罚，可能会发布虚假或不全面的会计信息。第四，信息披露存在成本，信息提供者提供信息是有成本的，这些成本包括信息的收集、处理、披露等直接成本，也包括因信息披露而引起的诉讼成本、竞争劣势等潜在成本。因为会计信息不对称的存在，容易引起财务舞弊，扰乱市场对上市公司真实情况的判断，增加投资风险和损害投资者利益。

信息不对称的典型后果就是道德风险和逆向选择问题的出现。第一，逆向选择。作为信息提供者的企业管理者可能会利用自身具有的信息优势作出利己损人的行为，如财务舞弊。要抑制企业管理者的逆向选择，就必须加强对会计信息的全程监管，立足及早监督、发现和披露财务舞弊信息，向外部传递更真实完整的企业状况信息。第二，道德风险。所有权与经营权的分离使委托代理双方存在信息不对称，委托人难以验证信息的准确性或验证成本太高而难以获得准确的信息，代理人可能作出不利于委托人的选择，财务舞弊很多可以归结为企业管理者的道德问题，企业管理者作为代理人作出未履行受托责任的不道德行为。要抑制信息不对称导致的财务舞弊，就应该规范、完善信息披露制度，抑制企业管理者的逆向选择和道德风险等问题，要完善强制信息披露制度、检查制度和处罚制度等，迫使企业管理者及时向外部提供更多更真实的会计信息。

第4章　文献综述

4.1　财务舞弊相关文献综述

关于舞弊的定义，诸多词典均有收录。牛津词典将其定义为“为了财务或个人利益实施的非法或犯罪性欺骗”。剑桥词典将其定义为“通过欺诈他人而得到金钱的犯罪行为”。中国现代汉语词典将其定义为“用欺骗的方式做违法乱纪之事”。由此可见，舞弊定义均指出舞弊的两个本质特点，即舞弊当事人的主观故意性与舞弊行为的违法违规性。

美国注册会计师协会（AICPA）于2002年发布第99号《审计准则公告》，将财务舞弊定义为：为迷惑财务报表使用者而对财务报告数字信息故意错报或漏报，进而导致财务报表出现重大问题。美国注册舞弊审查师协会（ACFE）认为财务舞弊是公司管理层使用误导性财务报表造成信息使用者遭受损害，其行为是一种故意且非法的行为，故意错报或漏报重要事实，提供误导性会计数据，致使会计信息使用者改变决策判断。盈余管理行为是人为对会计信息披露的过程进行干预，达到谋取私人利益的目的（Schipper，1989）。一般而言，管理层蓄意造成会计信息失真，对财务报表的粉饰，主要包括盈余管理与财务舞弊两个方面，部分国内学者认为公司盈余管理行为本质上属于财务舞弊。激进的盈余管理行为通常会使会计信息严重失真，与财务舞弊仅一线之隔，而保守的盈余管理行为则符合法律法规，对会计信息的真实性影响较小。因而盈余管理行为归纳为中性的概念，不属于财务舞弊的范畴。

4.1.1 财务舞弊的成因

现有国外研究中，对财务报告舞弊的成因研究主要有冰山理论、舞弊三角理论、舞弊 GONE 理论、舞弊风险因子理论及“五因素论”。

冰山理论，又称二因素理论，最早由心理学家弗洛伊德于 1895 年提出。鉴于财务舞弊行为具有主观性与隐蔽性特点，舞弊因素可分为冰山之上（显性因素）和冰山之下（隐形因素）两部分。显性因素呈现在表面，具有表象化特点，体现在组织管理、技术因素、会计制度作用等；隐形因素潜藏在冰山之下，具有较强的隐蔽性，不易被察觉。相较于显性因素，隐性因素在财务舞弊时占据主导地位，具有个性化、生动化的特点。隐形因素包括职业意识、职业道德、行为准则、情感、人生观、价值观等。

Albrecht（1995）提出了舞弊三角理论，认为造成财务报告舞弊的因素来源于压力、机会、合理化，三个因素相互作用，共同发挥效能，财务报告舞弊行为随即发生。财务舞弊的发生诱因具有多方面、多层次的特点。就压力而言，它是财务报告舞弊的驱动器，包括财务压力和职业发展压力。财务压力表现为财务报告提供者为达到一定的财务目标、获取经济利益、避免某些经济损失而进行的违规操作；职业发展压力表现为财务报告提供者在晋升渠道受阻、存在被解雇可能等情形下，有动机通过财务舞弊行为助力自身职业发展，达到既定目标。就机会而言，只有存在相应的机会时，财务舞弊才会变成现实，是财务舞弊的重要诱因。就合理化而言，如果财务报表提供者缺乏较高的道德水平，丧失职业操守，在一定的经济利益诱惑之下就会寻求时机进行舞弊。

Bologna 等（1993）提出舞弊 GONE 理论（即四因素理论），包括：贪婪（Greedy）、机会（Opportunity）、需要（Need）和暴露（Exposure）。四个因素相互作用，紧密联系，决定了财务舞弊的风险程度。“贪婪”与“需要”是指财务舞弊当事人使用常规方法无法满足私欲并达到攫取额外收益的目的，而是采用非法的财务舞弊手段实现既定目标；“机会”是指财务舞弊当事人实施舞弊行为的可能性；“暴露”是指财务舞弊当事人实施以后不被查处的可能性。舞弊 GONE 理论中的“贪婪”因素与“需要”因素立足于舞弊者自身的角度，是进行财务舞弊“必要性”的体现；而“机会”因素和“暴露”因素立足于舞弊者外部角度，是对进行财务舞弊后果的考虑。具体而言，当舞弊当事人急需钱财、存在唯利是图的心理以及外部监管不到位时，当事人认为舞弊收益大于舞弊成本，财务舞弊行为随即发生。舞弊当事人通常为追逐额外分红、获取额外奖金报酬、获得增发机会进而实现个人利益。

舞弊风险因子理论由 Bologana 等（1995）提出。舞弊风险因子理论将风险因子划分为一般风险因子和个别风险因子。一般风险因子特指组织或机构能够控制的风险因素，包括舞弊机会、舞弊被查处的可能性以及舞弊被发现后被处罚的性质及程度；个别风险因子特指在组织或机构可控制范围之外的风险因素，是由管理层的道德品质败坏所导致。综合考虑所有风险因子，当管理层认为舞弊带来的“收益”大于舞弊风险时，财务舞弊行为随即发生。舞弊风险因子理论全面考察风险因素，对风险因子进行分类，为探析财务舞弊动因提供了可靠的理论视角。

Rezaee（2005）提出了 CRIME 理论（犯罪理论）来探析财务舞弊的成因。“C”表示“Cooks”，特指“鼓动”，财务舞弊是在董事长、CEO、CFO 以及实际控制人鼓动下对财务报告进行“数字游戏”；R 表示“Recipes”，特指“手段”，财务舞弊手段纷繁复杂，既包括虚增资产、收入，又包括低估负债、费用等手段；“I”表示“Incentives”，特指“动机”，公司财务舞弊动机来自外部压力，而精神失常、意识形态等动机较少；“M”表示“Monitoring”，特指“监督”，弱化财务舞弊可能的机制包括董事会监督、监管机构监督、审计委员会监督、审计监督、投资者监督以及金融机构监督；“E”表示“End Result”，是指财务舞弊产生的不良经济后果。

综上所述，现有财务舞弊成因的相关理论尚无定式，随着认识的不断深化，更多动机因素逐步被纳入考虑范畴，逐渐将财务舞弊动因理论不断深化拓展。国内研究在国外基础理论的基础上予以拓展。第一，管理层出于在资本市场上融资的目的进行财务舞弊。管理层出于外部融资动机进行财务舞弊，财务舞弊行为导致股价暂时上涨，可从内幕交易中获利（Dechow et al.，1996；Peng and Röell，2008），公司 IPO 期间也是财务舞弊行为频发时期（Dechow et al.，2011），增发配股时舞弊的可能性越大（洪荭等，2012）。第二，基于股权激励相关的薪酬激励会加剧财务舞弊的可能性。绝大多数财务报表舞弊行为都由高管主导（赵德武和马永强，2016），当 CEO 持有大量的股票期权时，财务舞弊的可能性会大为增加（Erickson，2006；Efendi et al.，2007），较强的管理能力可以减少财务舞弊的可能性（Wang et al.，2017）。第三，公司预期业绩的下降，掩盖财务困境，管理层有财务舞弊的动机（Maksimovic and Titman，1991）。财务舞弊也会受到监管监督的性质和强度的影响，内部控制薄弱为企业财务舞弊提供了条件（Donelson et al.，2017）。审计合谋的存在使财务舞弊的防范体系失去了最后屏障（雷光勇，2004）。投资者法律保护程度的改善能有效降低财务舞弊概率（吴永明和袁春生，2007）。媒体关注度越高的公司，进行财务舞弊的可能性越小（吴芃等，2019）。

4.1.2 财务舞弊的手段

财务报表欺诈和舞弊有掩饰、伪造、隐瞒、篡改等手段，具体有：

虚增销售收入。除了行政事业单位没有盈利压力外，上市公司存在着盈利压力、退市压力等，因此采取编造交易对象、变更收入确认时间、变更收入性质等手段。应收账款舞弊。比如进行跨年度调整资金收支、调节年度利润。虚增存货价值。为了增强公司实力和提高公司总体价值，故意高估公司的存货，采取变更存货计价、减值准备，混淆销售费用、管理费用与制造费用的差别等。

在企业的财务和经营决策中，如果一方能够对另一方实现控制、共同控制或者产生重大影响，及两方和两方以上受同一方控制、共同控制或重大影响的形成关联方。企业通过关联方交易能够节省时间成本、材料成本，合理充分使用内部资源。但是在实际操作过程中，关联方之间本就存在非市场性，一些企业借此通过关联方交易从采购环节降低成本，并通过隐瞒交易以虚增利润或者减少成本，违背了企业关联方交易的初衷，因此，关联方交易也是企业舞弊的高发点。在财务报表中对利润披露进行舞弊主要通过两种途径。虚构即指凭空捏造，不存在实体。虚构收入就是一些企业通过编造一些虚假的客户信息、购货流程和单据，在企业账上按照真实的交易进行处理，最终将这笔不存在的交易收入作为企业的收入，计入应收账款账目，最终出现利润增多的现象，等到报告日之后再以产品不符合要求做退货处理，达到虚增当期利润的目的。降低费用的方式一般是将所产生的费用进行资本化处理。有些企业混淆利息资本化与费用化的界限，将本该计入完工项目的借款利息延迟结转，以此少计当期损益。还有的企业会延迟确认所产生的费用，以少计当期费用，从而实现虚增利润。企业在货物所有权还未转移前就确认，计入当期收入，或者在未确认实质性销售前就开具销售发票，违背了企业会计准则中规定的收入确认原则。固定资产都要计提折旧，企业调整固定资产原先的折旧方法，延长折旧年限，从而降低折旧费用，高估资产的账面价值，以增加企业资产。由于企业对会计政策的运用存在很大的选择空间，这给了一些企业舞弊的机会。两个企业规模相当，销售收入相等，但如果选择不同的会计政策，最后呈现的收益是不同的。

4.1.3 财务舞弊的侦测

财务舞弊手段纷繁复杂，从财务信息中可窥出财务舞弊的蛛丝马迹，国内外诸多学者将财务舞弊的征兆称为“红旗”（秦江萍，2005）。公司在采用国际财务报告准则（IFRS）后，审计师在正确解释和实施国际财务报告准则方面发挥着重要作用（Riccardi，2019），而分析师可以通过监督经营管理不善行为以减少财务舞弊发生的因素（Chen，2016）。

第一，财务信息可作为识别财务舞弊的重要途径。Beneish（1999）发现应收账款周转指数、毛利率指数、销售增长指数在舞弊公司与非舞弊公司之间存在显著差异，Lee 等（1999）也将盈利与经营现金流量之间的差异作为财务舞弊的指标。Kopun（2018）从现有研究提出的 110 个财务与非财务比率中识别出八个分析指标用于侦测财务舞弊，包括存货销售比、销售占总资产的比例、应收账款与销售额之比、营运资本与总资产之比、资产负债率、ROA、净利润率、财务预警 Z – score 模型。当应收账款增长幅度高于销售收入增长幅度、计提大量坏账准备、销售收入与生产能力比例失调时有极大的舞弊可能性，可作为财务舞弊的信号（黄世忠，2002）。存货的流动性、应收账款回收率等指标在一定程度上对财务舞弊行为产生影响（吴革和叶陈刚，2008）。钱苹和罗玫（2015）提出其他应收款、是否亏损、经营应计项、现金销售率、股票换手率和波动率等是甄别财务舞弊的关键变量，这些指标简单易懂而且实用，在甄别财务舞弊时优于国外常用的 M – score 模型和 F – score 模型。Brazel 等（2009）指出零售店数量、仓库空间或员工人数等可用于评估欺诈的可能性。操控性收入均伴随着更高的财务舞弊概率（廖冠民和吴溪，

2013)。此外，阎德玉（2008）提出注重查账技巧，将各类“奇异”事件作为红旗标志，从错综复杂的应收应付关系中发现财务舞弊问题。异常财务数据具有较好的舞弊识别效果。异常存货、异常应收账款等在一定程度上能反映上市公司财务造假的情况，可作为识别财务舞弊的基本面指标（刘志洋和韩丽荣，2018；汪荣飞和张然，2018）。

第二，非财务指标和增量信息可作为识别财务舞弊的重要途径。现有文献发现舞弊公司治理结构薄弱，董事长与总经理兼任，审计委员会设立比例较低（Dechow et al.，1996），且审计委员会的独立性受到威胁或未尽勤勉义务（Abbott et al.，2004；Farber，2005；陈关亭，2007），未对财务舞弊发挥监督作用（Wilbanks et al.，2017）。管理层持股比例高、独立董事人数少以及没有出具标准无保留意见的上市公司舞弊的可能性更大（陈国欣等，2007）。良好的公司治理结构有助于减少财务舞弊的行为。先前有舞弊行为的高管具有相对较高的欺诈倾向（Davidson，2015），公司腐败文化是公司的机会主义内幕交易、财务舞弊的土壤（Liu，2016）。员工举报有助于识别财务舞弊，遭受举报的公司财务舞弊的可能性显著下降（Wilde，2017）。此外，财务舞弊本质上是一种组织行为，基于组织间合谋得以形成和放大（董红星，2016）。大型审计机构审计的公司不太可能进行财务报表欺诈（Lisic et al.，2015），投资者能够一定程度提前感知公司的舞弊（郭照蕊和黄俊，2017）。控股人拥有国外居住权的企业更可能从事财务舞弊（Chen et al.，2018）。

第三，信息技术可作为识别财务舞弊的重要手段。曾月明等（2008）提出“神经网络”与“支持向量机”概念，在选取财务指标的基础上使用智能方法对财务舞弊公司予以甄别。Cecchini 等（2010）将机器学习应用于财报分析，对财务舞弊公司进行分类。Perols（2017）通过对数据分析提高 SEC 发现欺诈文件的能力，以及改善审计公司客户投资组合的决策。Hoberg 和 Lewis（2017）采用语言学方法，使用自动语音情感分析软件生成声音不和谐标记，通过CEO电话会议语调来识别财务舞弊行为。当投资者对行业前景更加乐观时，公司更有可能从事舞弊行为（Wang et al.，2010）。Dong等（2018）利用金融社交媒体平台的非结构化数据来评估企业欺诈的风险，自动提取情绪特征等信号，如情感特征、主题特征、词汇特征和社交网络特征，然后将其输入机器学习分类器以进行欺诈检测。因此新闻媒体扮演着财务舞弊监督者的角色（Miller，2006）。

4.1.4 财务舞弊的经济后果

第一，财务舞弊从长远发展来看，不利于企业自身健康发展。企业管理层通常依据内部财务会计资料评价历史业绩与不足，在此基础上对未来的经济活动进行预测，并作出规划。一旦会计信息失真，财务部门固有职能难以发挥，无法为未来发展提供支持。企业在出具不谨慎财务报告后，公司的股价将持续下跌，机构投资者对公司股票持有的数量也大为减少（Dechow et al.，1996；杨忠莲和谢香兵，2008）。Gerety和Lehn（1997）发现在SEC对财务舞弊公司进行处罚前后三天窗口期内的平均累计超额回报显著下降。美国COSO组织于1999年发布研究报告指出：发生财务报表舞弊的公司在丑闻被曝光后，股票价格均显著下降。郑登津和闫晓茗（2017）发现SEC更多是事后查处，缺乏事前防范与事中识别，上市公司财务报告舞弊行为会给投资者带来较大的风险。

第二，财务舞弊导致企业乃至行业的信用危机。良好的声誉是有价值的，而财务舞弊直接损害公司及高管的声誉。Barber和Darrough（1996）在记录与财务舞弊相关的诉讼时发现，财务舞弊会提高企业运营成本、降低大客户销售份额。当管理层从事非法或不正当经营活动时，企业发生财务舞弊的可能性越大，任何非法或不道德行为的迹象都可能使交易伙伴改变与公司签订合同的条款（Davidson et al.，2015）。与前期发行的贷款相比，企业在发生财务舞弊后银行会调整贷款合同条款，银行发放的贷款利率较高，需要更多的抵押担保与限制性契约（Chen，2016）。财务舞弊发生后外部董事受其他董事会任命数量大幅下降（Fich and Shivdasani，2007）。财务舞弊发生后企业会积极试图重建信用体系，并与利益相关者重构信用，但即使他们致力于声誉重建，破坏的信用体系也不易逆转（Chava et al.，2010）。

第三，破坏市场经济秩序。市场经济体系需要信用维系，诚信经营是市场经济健康运行的基础。失真的财务信息将严重危害市场经济运转效率，阻碍资本市场的高效运行，不利于资源的有效配置。假使舞弊现象长期存续，整个资本市场将失去原有功能，市场经济秩序会遭受严重的破坏。

4.2 机器学习相关文献综述

4.2.1 机器学习法相关研究

机器学习作为一种新兴的统计工具，越来越多地受到财务会计与金融领域的关注（张宏斌和郭蒙，2020；沈艳等，2019；姚加权等，2020）。机器学习（Machine Learning）是以数据分析为载体并把握住其规律，是分类、聚类、预测等多项算法任务的统称。机器学习技术的应用可以帮助学者获得以前很难或无法获得的数据，对一些更具挑战性的假设进行检验，同时可以更有效地探索变量之间的相关性，进而对经济社会发展作出较为精准的预测（Athey，2019；欧阳志刚和陈普，2020）。与传统的线性回归模型相比，机器学习模型能够应对变量之间更加复杂的非线性和交互关系，达到更好的拟合效果（Mullainathan and Spiess，2017）。

现有研究从两个角度尝试将机器学习应用到会计学等研究领域，包括无监督学习和有监督学习。无监督学习是人工智能网络的一种算法，其目标是通过训练总结、刻画出多维数据的内在关联，将高维甚至非结构化的变量转化为低维的、可解释性强的变量。Bandiera 等（2020）利用无监督学习中的 LDA 模型来分析管理层日常活动记录的数据，刻画出“领导型”和“管理型”两种管理层的行为特征，并发现“领导型”管理层与好的公司业绩更相关。Li 等（2018）采用单词植入模型，构建五个公司文化价值的指标，并研究其对公司行为决策的影响。近年来，有监督学习已经在资产定价领域有所应用（Ban et al.，2018），然而，有监督学习在财务会计领域的应用较少。有监督学习有助于提高传统方法的预测精度，在财务会计领域的应用有广大的探索空间（李斌等，2019）。Wei 和 Croft（2006）认为运用 Gibbs 算法可以改进 LAD 语义模型。Blei 和 McAulliffe（2007）提出了有监督的语义模型，Gow 等（2016）基于管理层个性特征预测公司决策，包括融资决策、投资决策等。

上市公司年报中的信息具有很大的价值，而它是半结构化的文本结构。信息可以分为定量的收益亏损指标和定性的文本描述内容两种类型。大多数公司的信息披露采用后一种形式，因而难以使用传统的统计工具去处理并应用。基于人工去阅读、筛选、应用这些信息的成本很高，而且需要很强的专业知识和技术背景，因而采用机器学习具有必要性，需要使用相关的建模方法，开发自动工具对公司年报进行知识挖掘。通过机器学习上市公司年报，不仅能够为投资者作出投资决策的过程提供更多的信息支持（Hajek et al.，2014；Huang et al.，2014），而且可以更加高效地解决财务分析的分析问题（Loughran and McDonald，2011），如预测股票异常收益（Tetlock et al.，2008）、财务困境（Hajek et al.，

2014）等。

关于机器学习法相关研究，本书将从情感分析、距离分析、难度分析、语义分析以及财务定量分析五个方面分类进行梳理。

4.2.2 文本信息的相似度分析

Hoberg和Phillips（2010）使用文本相似度（Cosine相似度）作为IPO公司股票发行文件信息含量的代理变量，发现股票发行文件信息含量越高的公司，IPO定价越准确，IPO抑价程度越低。Merkley（2014）预测和发现当前盈余业绩与R&D披露的数量负相关，并且这种披露调整是基于为盈余业绩提供相关信息而不是混淆业绩。当公司有了新的首席执行官，公司往往会使用更多的重复披露（Li，2019），并非所有的经理人都使用重复披露来混淆披露。相反，一些经理人利用重复披露来强调公司特有的新闻，这与继任假说相符。美国证券交易委员会（SEC）认为，重复披露是无信息性的，这种披露降低了MD&A中其他披露的信息量。通过这些研究可以发现，企业可能提高文本相似度以强调重要信息，并带来积极市场反应，企业也可能提高文本相似度以隐藏信息，这将不利于信息使用者作出决策。

现有相似度的衡量方法包括如下几种方式：第一，向量回归，将企业i的IPO报告的词汇向量对近期（90天前）其他IPO报告的词汇向量、过去同行业的词汇向量进行回归，预期值表示企业i提供的相似信息，残差表示企业i提供的差异化信息。第二，余弦相似度，Brown和Tucker（2011）首次使用向量空间模型计算两个文本之间的相似程度（Cosine相似度），以衡量公司对财务报告的修正是否及时。第三，Jaccard相似度，Jaccard值越大，说明相似度越高。第四，MOSS主要用于计算机领域以检测代码相似度，这一系统也可以用来检验文本间的相似度，因为相比于计算机语言，检测文本相似度应该会更容易。

Brown 和 Tucker（2011）用 MD&A 部分与上年类似程度来衡量企业 MD&A 披露内容在不同年度的变化情况，与同行业类似程度来衡量企业 MD&A 披露内容在不同行业的差异情况。MD&A 文本相似度 Sim 衡量公司前后两年 MD&A 文本的相似程度，数值越大，说明当年 MD&A 文本相比上年的重复度越高，提供的增量信息较少。因此主要采用余弦相似度和 Jaccard 相似度衡量。

第一，余弦相似度。由于年报风险信息披露通常为模板式的文本信息，如何有效识别其中特质性信息是指标构建的关键。Brown 和 Tucker（2011）采用向量空间模型（Vector Space Model）构建余弦相似度，来评价文本信息的相似程度，体现模板式的披露程度。本书参考其研究，采用向量空间模型计算余弦相似度，得到当年公司风险信息披露与上年公司风险信息披露的差异，以及与当年同行业的差异状况。这两个差异指标越大，说明风险信息披露的信息含量越大，模板式披露的可能性越小。具体计算步骤如下：

首先，将两个文本进行分词，统计出每个文本独特词汇数量；

其次，构造空间向量模型；

$$v_1=(\omega_1,\omega_2,\cdots,\omega_{n-1},\omega_n) \text{ and } v_2=(\Psi_1,\Psi_2,\cdots,\Psi_{n-1},\Psi_n) \tag{4-1}$$

其中 v_1 表示第一个文件中的文件向量，n 为文件中独特词语的数量。比如，v_1 中有 1000 个词，这 1000 个词的个数分别为 ω_1，ω_2，…，ω_{n-1}，ω_n；而 v_2 中的个数分别为 Ψ_1，Ψ_2，…，Ψ_{n-1}，Ψ_n。

最后，采用模型（4－2），计算两个空间向量的余弦相似度 *Sim*：

$$Sim=Cos(\theta)=\frac{v_1}{\|v_1\|}\cdot\frac{v_2}{\|v_2\|}=\frac{v_1\cdot v_2}{\|v_1\|\ \|v_2\|} \tag{4-2}$$

在实际计算过程中，使用 Python 软件包 gensim 来进行以上步骤的余弦相似度 *Sim* 计算。gensim 是 Python 的一个自然语言处理库，可以将文档依据 TF－IDF、LDA、LSI 等模型转化成向量模式，为后续步骤处理提供素材。经过以上处理，最终获得当年风险因素段与上年相似度 $Similarity\_cos_1$ 以及与同行业相似度 $Similarity\_cos_2$。

第二，Jaccard 相似度。本书参照 Jaccard（1901）以及 Tetlock（2011）的做法，采用 Jaccard Index 衡量 MD&A 文本相似度。具体而言，先使用 Python 软件抓取年度报告中的 MD&A 文本信息，再采用 Jieba 分词模块中的“全模式”对 MD&A 文本信息进行分词处理，进而获得每份年报的词汇集合 WordSet，而后按照模型（4－3）计算前后两年 MD&A 文本的相似度 Jaccard Similarity。

$$Jaccard\ Similarity\ (WordSet_1,\ WordSet_2) = \frac{WordSet_1 \cap WordSet_2}{WordSet_1 \cup WordSet_2} \quad (4-3)$$

其中，$WordSet_1 \cap WordSet_2$ 为前后两年 MD&A 词汇合集的交集，$WordSet_1 \cup WordSet_2$ 为前后两年 MD&A 词汇合集的并集。最终，获得当年风险因素段与上年相似度 $Similarity\_Jac_1$ 以及与同行业相似度 $Similarity\_Jac_2$。

文本信息相似度的信息强化假说认为，强化重要信息可以促进信息使用者对公司价值的正确判断。Stephens（2007）发现信息相似度具有信息含量，重复披露信息的目的在于强化信息使用者对公司重要信息的理解，信息披露相似度越高，信息质量越好。Leonardi 等（2012）认为，重复披露信息能确保信息接收者意识到信息的重要性。当 MD&A 与财务报告附注中的信息重复度较高时，可以强化投资者对公司信息的理解能力，引发积极的市场反应，此外，股票增发的公司倾向于披露更多重复的信息，以避免投资者遗漏影响公司价值判断的关键信息。

4.2.3　文本信息的复杂度分析

在公司的信息披露中，语言复杂度可能由两个方面组成：一是公司需要向外界传递的信息本身的内容数量，二是管理层为了有意提高信息披露的处理难度而导致的语言复杂程度提高。前者往往由于传递了充分信息而降低信息不对称程度，后者则与之相反，导致信息不对称程度提高。由于语言复杂度中包含了这两种与信息不对称关系相反的组成部分，因此需要将其分离后再进行研究。

早期关于文本信息复杂度的研究指出，为了提高投资者对信息的处理成本，管理层可能会在信息披露当中有意使用较为复杂的表述。以10 - K文件中的文本信息作为语料的研究发现，语言复杂程度较高的披露可能与当期较差的盈利状况或者未来期间较差的盈利可持续性相关（Li，2008）。

Li（2008）发现盈利较低的公司的年报比较难读，有更高的迷雾指数和更长的文档，此外，年度报告更容易阅读的公司的正收益更持久，结果表明，管理层可能是在利用年度报告的可读性向投资者隐瞒不利信息。10 - K文件大小提供了一个简单的可读性代理，其性能优于迷雾指数（Loughran and Mcdonald，2014）。Elliott（2015）发现当招股说明书中突出具体语言时，投资者对公司的投资意愿明显高于突出抽象语言时。Lo等（2017）发现企业最有可能通过使“管理层讨论与分析”更难以阅读进行盈余管理以满足或超过前一年的收益。Ertugrul（2017）发现10 - K文件越大，10 - K文件中不确定性词语比例越高的公司，贷款合同条款越严格，未来股价崩盘风险越大。Kim等（2019）发现可读性较差的10 - K报告与较高的股价崩盘风险有关。Asay（2018）发现好消息和坏消息之间的可读性差异不太可能是由故意混淆糟糕的表现驱动的。通过研究可以发现，可读性较低可能是因为信息操纵造成，但也可能是因为信息本身的复杂度。前者更可能被企业操纵用于隐藏负面消息，后者更可能是企业经营复杂度以及经营战略的真实体现。

当前关于复杂度/可读性的衡量方法包括如下几种方式：第一，由

Robert Gunning 提出的“迷雾指数”，Fog Index（迷雾指数）=0.4×(average number of words per sentence + percentage of complex words)，通过一个句子中的单词数量和每个单词的字母数量来衡量文本的复杂度。该指数反映了读者一次性读懂文本所需的教育年限。第二，Li（2008）用文本长度和文本的单词数量的自然对数表示长度，在其他条件一样的情况下，文本越长，信息获取成本通常越高。第三，Loughran 和 Mcdonald（2014）用文件大小衡量整个文件的容量，文件越大，则表示可读性越差。第四，Bonsall 等（2017）设计了可读性指标 Bog Index 来衡量语言的朴实性，朴素英语是指减少不必要的细节、过长语句以及被动语态等，此时，对单词的复杂度进行了进一步细化。

4.2.4 文本信息的语调分析

语调分析也称为情感分析，指的是通过对文本中词汇的语义进行分析，判断文本情感倾向性的过程，其目的是找出文本表述呈现两极的态度。这个态度或许是个人判断或是评估，或许是人在当时的情感状态。对于管理层而言，当管理层试图操控财务报表数据以掩饰公司存在的风险时，相比于财务信息，其在语言描述中的态度，可以提供更有价值的信息。Huang 和 Zhang（2011）对收益新闻稿进行了情感分析，发现管理层会策略性管理语气语调，且投资者对语气语调管理具有一定的感知能力。

自 2007 年开始，证监会发布的《公开发行证券的公司信息披露的内容与格式准则第 2 号——年度报告的内容与格式》中明确要求，上市公司应当在董事会报告中披露可能对公司未来发展战略和经营目标的实现产生不利影响的所有风险因素。为此，本节采用计算机程序提取，辅以人工核查的方法，从董事会报告中提取了 2007 年准则所要求披露的未来风险因素段，并借助 BosonNLP 平台对该段落文字进行语调分析。前人采取提取风险关键词的方式，由于无法很好地区分风险相关词汇所表达的是公司风险水平或是公司所采取的风险防范和管控举措，因此存在较大的衡量偏误。而通过风险因素段落的语气语调分析，则可以使这一问题得到改善。语调分析可以判断文字表述的情感倾向性并进行打分，进而可以将定性的管理层披露信息进行定量的衡量，便于进行前后年度和公司间的比较，以更好地评价公司风险状况。

由于文本分析的中文应用还处于探索阶段，目前没有统一权威的词典和词库，本研究借助 BosonNLP 平台进行中文情感分析。BosonNLP 情感引擎提供了行业领先的篇章级情感分析。基于上百万条社交网络平衡语料和数十万条新闻平衡语料的机器学习模型，结合自主开发的半监督学习技术，正负面情感分析准确度达到 80% ~85%。因此通过 BosonNLP 平台，可以取得一段文字中正面词汇和负面词汇的百分比。

文本信息披露语调的研究则主要集中在影响因素和经济后果两方面。在影响因素方面，除了前述因素外，文本信息披露语调还受管理层的个人特质（如年龄、性别、职业经历、性格特征等）和外部参与者（如分析师、投资者等）情绪的影响。如 Davis 等（2015）认为管理层特质（如年龄、性别和职业经历等）会影响文本信息披露语调，而且市场对管理层特质导致的语调有反应，说明投资者关注到了管理层特质对语调的影响。Bochkay 和 Dimitrov（2014）发现管理层文本披露语调会受到外部市场投资者情绪的影响，当投资者情绪偏向乐观时，管理层披露的语调也更为乐观。黄超和王敏（2019）还从管理层自利视角出发，得出了公司盈余管理水平与管理层语调显著正相关的结论。在经济后果方面，诸多研究已经证明 MD&A 的披露语调及其变化具有一定信息含量和显著的预测价值。Allee 和 DeAngelis（2015）发现管理层在电视电话会议上的乐观语调对市场反应产生显著正向影响。Chen 等（2016）则直接用文本披露语调作为管理层预期的代理变量，分析了文本披露语调与成本黏性之间的关系。在国内，谢德仁和林乐（2015）发现业绩说明会上的管理层语调能够提供关于公司未来业绩的增量信息，从事后验证的角度表明管理层语调具有较好的可信度。林乐和谢德仁（2016）还发现外部投资者对管理层的正面语调产生显著的正向反应，对负面语调产生显著的负向反应。

当公司业绩较好、操纵性应计较低、规模较小、市净率较低、股票回报率波动性较小、MD&A 迷雾指数较低、成立时间较长时，公司未来展望段的语调往往更积极（Li，2010）。Roger（2011）发现被起诉公司在集体诉讼期间披露的信息明显比未被起诉的公司更为乐观。Davis（2012）发现在战略报告中，管理层在财务报告发布上会使用较少的悲观语言和更多乐观的语言。Huang（2014）发现异常语调在达到或超过盈利阈值、未来盈利重述或并购背景下发生率较高，但股票期权授予背景下的发生率较低。通过这些研究可以发现，积极的语调可能反映企业的真实情况和预期，但也可能被企业操纵来隐藏负面消息，并且可能带来消极后果。

现有语调的衡量方法包括如下几种方式：第一，人工阅读判定，早期文章通过人工阅读并判断文本的语调，但由于人工阅读成本高、效率低，所以样本量通常较小。比如 Bryan（1997）研究了 250 份 MD&A。第二，字典法，事前通过字典确定积极词汇和消极词汇，然后通过计算机编程计算文本中积极词汇和消极词汇的个数，进而计算文本语调。常用的包括哈佛字典、措辞乐观和悲观的单词列表等。第三，贝叶斯统计学习方法，通过计算机的数据处理技术对文本内容进行分析。

4.2.5 文本风险主题内容分析

Lajili 和 Zeghal（2003）发现年报风险的自愿披露信息具有信息含量

不足、不够深入的特点。Lajili 和 Zaghal（2005）为使数据更加真实完整，选用字词和语句相结合来计量风险信息，采用含有风险信息的词、句或段落的出现频率来体现风险信息水平，使用“不确定”或“风险”等词语来甄别风险信息。Perignon 和 Smith（2010）发现 VAR 的定量披露具有上升趋势，但是定性方面的披露并未随时间得到改善，历史模拟是目前 VAR 模型中最受欢迎的方式，但是对外来回报率波动性的预测较差。Mirakur（2011）将风险披露划分为 29 个类别，其中部分风险类别的披露具有普遍性，比如与政府相关的风险和竞争风险。Huang 和 Li（2011）采用 ML－CKNN 方法自动识别出年报中“风险因素”部分的 25 个主题类别，比如财务风险、资金风险、并购风险、法规变更风险等。同时他们还提出该方法比 ML－KNN 方法更具有优势，对于未来财会领域的风险信息披露研究具有借鉴意义。杜莉和戴倩倩（2010）采用内容分析法分析中国上市公司年报中风险信息的披露状况，采用风险语句字数衡量风险信息披露详细程度，验证风险信息披露的影响因素。张曾莲和段晓彦（2015）通过关键词识别各类风险，考察中国上市公司风险信息披露的状况，发现公司风险信息披露大致能体现公司风险状况，公司在风险信息披露中更多关注外部风险。

第一，企业的固有风险越高，企业越有可能披露风险。Campbell 等（2014）发现企业面临的风险越高，其在年报“风险因素”部分披露的风险信息越多，并且企业面临的风险类别决定了其披露的风险类别，说明管理层披露的风险信息反映了其实际面临的风险。Beatty 等（2015）发现企业的融资约束风险披露与预期的融资约束水平显著正相关。Heinle 和 Smith（2017）通过模型研究也发现当企业风险较高时会披露更多的风险信息。

第二，行业因素会影响企业风险披露。Israelsen（2014）发现特定类别的风险披露会集中于一些特定的行业中，说明风险披露可能受到行业影响。Brown 等（2020）发现 SEC 对企业的强制风险信息披露作出评判，其他上市公司会受到这些评判的影响，以改善自身的风险信息披露。因此，风险信息披露具有学习效应。

第三，企业面临的法律风险会影响企业风险披露。Nelson 和 Pritchard（2016）以诉讼相关风险段的字数占年报总字数的比重衡量公司面临的诉讼风险，发现公司面临的诉讼风险越大，公司披露的风险因素越多，公司披露风险越有可读性。Nelson 和 Pritchard（2016）发现法律风险高的企业会披露更多风险信息、更新更多内容并采用可读性更高的语言。这一现象在风险信息披露为自愿披露阶段时更明显，在 SEC 强制要求披露风险信息后被弱化。当风险信息披露为自愿披露时，高法律风险企业的风险信息披露更具信息含量。Dyer 等（2017）发现 FASB 与 SEC 新规能够解释企业风险信息披露的增长趋势。姚颐和赵梅（2016）通过人工阅读方式解读中国上市公司发行新股时《招股说明书》中风险因素，发现公司预计未来业绩较差时有较强的披露意愿，这并不是因为业绩差的公司更倾向于如实披露，而是为了规避未来业绩下降所带来的行政处罚。

第四，公司治理会影响其风险披露行为。Bailey 和 Filzen（2016）发现企业风险管理人员的专业性与其风险信息披露水平显著正相关，并且当企业的首席风险官的专业水平较高时，市场上对该企业较长的风险信息披露内容反应不强。黎文靖和杨丹（2013）发现公司治理情况较差、业绩糟糕时，管理层更有意愿披露人力资本市场相关的风险信息，说明管理层可能通过自愿披露劳动力成本风险信息作为糟糕业绩的说辞。

风险信息披露的经济后果。第一，企业风险披露的市场反应。Arnold 等（2010）使用“风险因素”部分字数占比衡量招股说明书信息的不确定性程度，发现风险信息披露与企业的事后风险显著正相关，与 IPO 抑价显著正相关，与长期回报率显著负相关。鉴于“风险因素”部分主要讨论风险，当语调为积极时则会释放强烈的信号，Hanley 和 Hoberg

（2010）发现只有“风险因素”部分的语调和IPO定价存在显著正相关关系。Campbell等（2016）发现企业在年报中披露“风险因素”时，投资者并未将其完全地反映在股价上，具有时滞性，而是在下一年度披露时反映在股价中。黎文靖等（2013）发现管理层自愿披露劳动力成本上涨风险信息会降低公司市场价值。姚颐和赵梅（2016）通过人工阅读中国上市公司《招股说明书》并度量风险信息披露，发现公司披露的财务风险与经营风险越充分，IPO抑价越低，公司的如实、充分披露作为一种稀缺资源，市场反应越好，公司的新股发行效率显著提高。王雄元和高曦（2017）发现投资者对增加披露的风险信息具有正向市场反应。第二，企业风险披露对分析师行为的影响。Balakrishnan和Bartov（2010）发现尽管企业未来盈余与“风险因素”部分的信息披露显著正相关，但是分析师对未来盈余的预测与该部分信息披露无显著相关关系。王雄元等（2017）认为年报风险信息披露提高信息质量会对分析师预测行为产生积极影响，又能因增加分析师的风险感知而对分析师预测行为产生消极影响，风险信息披露频率越高，分析师预测准确度越高。第三，企业风险披露对资本成本的影响。Heinle和Smith（2017）通过模型发现企业的风险信息披露会减少其融资成本。Chiu等（2019）发现美国上市公司年报或季报中“风险因素”部分对于风险信息的披露降低了信用违约互换费用，说明该部分风险信息披露降低了企业与投资者之间的信息不对称，进而降低了信用违约互换费用中的信息风险成本。王雄元和高曦（2018）发现中国年报风险信息披露越多，企业权益资本成本及债券融资成本越低。王雄元和曾敬（2019）发现中国年报风险信息披露通过提高信息透明度、降低银行风险感知水平进而降低了银行贷款利率。

风险信息披露的度量。在风险信息披露指标度量方面，现有研究对年报风险信息披露指标度量方法如下：第一，在公司年报文本中检索出各类风险词汇出现的频率（Li，2011；Filzen，2015）以及与风险相关段落的数量（Kravet and Muslu，2013）；第二，在公司年报文本段落 Item 1A 中检索特殊词汇，构建特质性风险指数（Hope et al.，2016），检索各类风险信息关键词，观察风险信息关键词出现的频率（Campbell et al.，2014）。此外，在风险内容段落 Item 1A（在中国年报中为“重大风险提示”部分）中检索关键词，构建相应的特质性风险信息，体现公司特质性风险情况，有效回应了模板式信息披露的缺陷，鉴于中文语义的特殊性，英文风险关键词与中文风险关键词具有较大区别，中国无特质性信息词库，无法用于实际操作，因此这种方法在中国情境下不具有普适性。

Loughran 和 McDonald（2011）发现公司在生产经营中的不确定性较大时，通常会采用策略性披露举措，模糊披露会计信息，比如披露的财务报告更加晦涩难懂，可读性较差，呈现更多的负面词汇。Loughran 和 McDonald（2011）根据中国上市公司年报风险披露的方式归纳风险词典，总结了适合中国上市公司年报文本分析的风险关键词。具体步骤为：首先，借鉴 Loughran 和 McDonald（2011）方法，将总结的风险词汇采用 Google 软件进行翻译，而后整理翻译的词汇，剔除与公司风险无关的词汇；其次，整理各个关键词并检索其近义词。再次，手工整理与公司风险相关的词汇。最后，使用 Python 软件编写程序，在年报文本中搜索各类风险关键词，计算各类风险关键词在年报文本中出现的频率，以此度量公司风险信息披露状况。

4.2.6　机器学习在侦测财务舞弊领域的应用

刘洋（2017）和吕建平（2019）研究发现支持向量机是于20世纪90年代中期被提出来的一种二分类算法。支持向量机的基本思想是在特征空间中寻找一个最优超平面。刘笑然（2021）从理论上可知，支持向量机得到的是全局最优解，克服了 BP 神经网络方法中局部最小值问题。支持向量机对小样本、高维以及非线性模式的分类可以发挥其一定的优势。冯炳纯（2016）发现对于线性不可分的情况，支持向量机的选择是通过使用一种非线性映射算法，将低维空间线性不可分的样本通过非线性转化映射到高维空间，使其在高维特征空间线性可分，解决了原始空间中线性不可分问题。

支持向量机算法的优点：（1）支持向量机模型是为了解决有限样本分类的情况设计的，该方法的目的是在样本数量很少的条件下，获得最优解。而并非样本量足够大的情况下的最优解。（2）从理论上讲，支持向量机模型可以得到全局最优解 。它使神经网络中的局部极值问题得以解决。（3）可以保证机器有更好的推广能力。该算法采用核函数进行非线性的变换，把一个真实的问题转化成为一个高维空间的问题，在高维空间中构造线性函数。同时，它巧妙地解决了维度问题，剔除了维度对结果的干扰。大数据环境下，大数据手段在经营决策、产品生产研发，发展战略等多个方面被企业广泛应用，而审计工作借助大数据手段也十分必要。大数据技术的日益完善，有效促进了大数据审计的广泛应用。审计工作在面临机遇的同时，审计领域运用大数据也迎来了一系列的全新挑战。

Brown Liburd 等（2015）认为，如果注册会计师对大数据的知识储备和专业技术缺乏掌握，那么应对复杂多变的信息，他们很难筛选出有效的审计证据和相关信息，难以通过信息化技术来核查问题、分析判断，最终会因为存在认知不足等相关问题，无法作出恰当审计判断，从而审计质量受到影响。Wally（2016）认为在审计工作中，在收集和接收到大量数据信息之后，要对数据加以清洗，从而筛选出真实完整的数据，然后对数据进行输出，全程对审计工作进行监控。Sookhak M（2017）提出了大数据审计能够对审计问题有效利用大数据的宏观分析能力，是对传统审计方法的改进，有助于审计分析的精准化。刘星等（2018）从技术、数据和应用三个角度详细阐释了大数据审计的含义，认为“大数据”的“数据”是一种宝贵的信息资源，不仅包括原来的结构化数据，还包含非结构化数据，大数据能够在特定情况下解决相关问题。在大数据时代，转变传统审计理念，将大数据运用于审计实践，提高信息的利用效率，为审计实践工作带来了机遇。陈永清和陈佩华（2020）认为审计工作应该重视地区经济特色，充分利用大数据审计信息管理平台对数据的分析优势，深层次发现疑点，分析审计风险。

鲁清仿和梁子慧（2017）认为大数据给审计实践工作带来新的挑战的同时，更多是带来了新的机遇，能够有效降低审计实践中收集审计证据的成本，提高审计效益，能够通过更多的信息数据扩大审计范围，从而降低审计风险。Yoon 等（2015）专注于审计取证问题，认为传统审计实务中收集审计证据受到较大限制，取证范围主要是结构化信息，这种情况下，难以全面了解准确判断，但是在大数据时代，审计工作可以结合大数据手段，非结构化信息也能有效获取。Smieliauskas Wally（2016）指出了大数据环境下电子数据审计的机遇和挑战，认为大数据环境下的审计技术和审计取证更加便利，但是数据的控制却更加复杂。Alvin Gentry（2017）提出要关注审计人员处理大数据的能力，在大数据审计中发挥技术性人才的优势，革新审计思路。丁淑芹（2018）从大数据背景下审计的对象、风险、证据、方法和报告等方面系统分析了审计实践会发生的重大变化，并针对性提出了有效应对的策略。阳杰和应里孟（2019）认为大数据技术可以扩大审计取证范围，能够改革创新大数据的审计模式，但是，大数据在数据采集、存储、处理、分析等多个方面带来的审计风险也要注意防范。徐超（2020）指出大数据环境下，混合网络爬虫技术结合了通用爬虫和深层爬虫技术，能大幅提升审计数据的真实性和完整性，大数据审计技术是审计优化的有效手段。大数据环境下，传统审计模式已经无法应对新的信息环境，国内外学者普遍认同未来审计发展的必然规律和趋势就是大数据技术运用于审计工作，学者们也在思考大数据背景下审计模式如何进行有效优化，革新审计模式，解决以往通过抽样取证造成的抽样风险，全面应对大数据时代的挑战，利用大数据技术更好地服务审计工作等问题。

Sookhak（2017）认为大数据技术在审计工作中具有明显优势，要充分发挥大数据的宏观分析能力，结合大数据技术推动审计的精准化和高效化。Christine（2018）系统地对大数据和数据分析在审计实务中的运用进行了分析，他认为大数据和数据分析手段在审计实务中的影响程度非常大，有效加以利用能降低审计风险，但是大数据在审计行业的运用程度远低于其他领域及行业，普及率不高。作者对这一情况的产生原因进行了详细分析，认为会计师事务所应该革新审计思路，将大数据手段有效地运用于财务报表审计。Michael（2018）指出当前会计师事务所已经注意到大数据在审计实务中的重要程度，因而在大数据方面愿意投入的成本越来越高，但是大数据在审计方面的实际运用中也存在诸多抑制情况，作者对这些抑制因素进行了系统分析，并提出针对性的应对措施和方法，对解决审计实务中的具体问题能起到有效作用。秦荣生（2019）认为大数据技术为注册会计师在获取审计证据方面提供了技术支撑，对持续审计方式有重要的推动作用，审计模式的发展进步必须要依托技术信息的发展，审计人员一定要破除老思想、老习惯，以积极的姿态应对大数据环境，适应新的审计形势。同时，大数据在审计中的运用，必须从长远发展战略制定、审计法规完善、大数据审计平台构建和审计软件开发等多个方面同步推进，缺一不可。

魏祥建（2019）将政府审计技术、政府审计范围以及政府审计模式与大数据相联系，阐述了大数据对上述几个方面的重要影响，并分析了当前政府审计模式的不足之处，提出要将大数据运用于政府审计模式，同时，作者还详细分析了大数据审计平台的职责和作用，不同行政层级的审计机关如何分配具体的工作职责，进一步推动了审计模式的优化。郝玉贵、徐远洒（2017）通过对中国知网 2012 年至 2016 年核心期刊有关大数据审计的相关文献材料进行整理统计，对该时间段大数据审计的内容进行了详细综述。作者对这些文献进行详细分类，对大数据背景下政府审计的审计技术和研究方法进行了总结概括，提出可以进行联网审计。肖振东（2018）提出审计数据是审计发展的关键要素，是满足新时代环境背景下国家审计全面发展的重要手段。作者认为应该积极推动大数据审计，发挥大数据优势作用，催生新的审计模式，对系列数据进行全面分析，大力推动大数据审计在国家审计中的重要作用。易德鹤（2020）对注册会计师将大数据技术应用于舞弊审计可能面临的困难和挑战进行了系统阐述，并对审计人员提出有效的解决建议，认为大数据技术在舞弊审计中应用具有可行性。刘瑞华（2020）对大数据技术应用于舞弊审计工作中的工作流程、审计方法和开展模式等方面的问题进行了具体研究，并对舞弊审计工作中完善大数据技术的应用提出了有针对性的意见。李云鹏（2020）认识到大数据技术在舞弊审计中的重要作用，提出结合财务共享模式，在舞弊审计流程方面加以革新。Salijeni 等（2018）对大数据技术在舞弊审计工作中发生的完整变化进行了探索，认为大数据背景下审计工作模式发生了重要变化，并肯定了舞弊审计大数据运用的可行性。Mershad 等（2018）认为在舞弊审计中应用协作数据库进行跟踪更新和依赖性审批能够有效分解审计任务，提升审计质量和效率，对舞弊审计的潜在风险能够起到预警和控制的作用。

当前大数据技术主要的研究方向是依托于云计算，采用统计分析的方法构建大数据审计和舞弊审计。栾心勇等（2020）构建了多个基于大数据技术的分析运用系统，加强了大数据环境下舞弊审计的结构化和非结构化数据信息的搜集与分析，给舞弊审计提供了有效的分析手段，提高了大数据技术在舞弊审计监督中的实用性。Kloviene 等（2018）在舞弊审计中使用大数据分析技术，并且深度探索了大数据技术在舞弊审计中应用的因素，还提出了大数据技术应用于审计所涉及的数据安全问题，他认为可以结合区块链技术加以改善。目前对大数据技术在舞弊审计中应用的实践研究还主要集中于统计分析技术，在现有的统计分析方法方面加以提升，展现了大数据分析技术对于数据处理的优越性，还需要进一步研究探索更智能化的大数据技术方法。

Viktor Mayer - SchÖnberger 在《大数据时代》一书中指出："数据已成为一种商业资本，能创造巨大经济利益。"麦肯锡（McKinsey）在题为《大数据：创新、竞争和生产力的未来前沿》的全球报告中指出："数据是重要的生产要素，人们对大数据的运用预示着新一波生产率增长和消费者盈余浪潮的到来。"大数据具有可共享、无限复制、无限增长、无限供给的禀赋，具有更强决策力、洞察力和流程优化能力（Elgendy and Elragal，2016）。大数据具有"高乘数"效应，可以放大生产力乘数，创造巨额价值（Wamba et al. ，2015；Gandomi and Haidar，2015；Elgendy and Elragal，2016；孙新波等，2019）。大数据蕴含着巨大的商业价值和支持科学决策的价值（刘业政等，2020），更好利用从大数据中提取的有价值的知识是获取竞争优势的关键（Barton and Court，2012；Tan et al. ，2015）。大数据提高了生产率。Bartel 等（2007）研究发现，信息技术投资通过改变公司业务策略，减少设置、运行及检查时间，提高了生产效率。Capgemini（2012）研究发现，大数据可以改进流程并在 3 年内提高其性能的 26%。McAfee 和 Brynjolfsson（2012）研究发现，数据驱动型特征越多，企业财务和运营表现越好，比非数据驱动型的竞争对手平均高出 5% 的生产率和 6% 的利润率。Muller 等（2018）研究发现，大数据投资提高了 3% ~7% 的企业生产率。陈彦斌等（2019）研究发现，人工智能通过促进生产智能化和自动化以及提高资本回报率与全要素生产率，能应对老龄化对经济增长的冲击。曲创和刘重阳（2019）研究发现，搜索引擎在技术上实现的信息匹配效率与市场竞争策略存在根本性冲突，对夸张或虚假广告的策略性宽容导致搜索结果出现“劣币现象”。张季平等（2020）研究发现，大数据的价值性、真实性、多样性对制造企业发展与物流企业服务水平具有显著正向影响。大数据提高了业绩或价值。Mcafee（2002）研究发现，美国一家高科技制造商在客户订单功能组中全面应用信息技术的初期，交货时间和准时交付性能即受到影响并导致“业绩下降”（Performance Dip），但学习效应明显，几个月后这方面的性能显著提高。Devaraj 和 Kohli（2013）研究发现，信息技术使用与医院收入和质量显著正相关，且这种效应具有时间滞后性。Saboo 等（2016）研究发现，营销邮件、优惠券赎回、退货和交叉购买等交易特征与年龄、收入、家庭规模和兴趣等人口统计因素对销售的影响在客户生命周期中存在显著差异，根据拟议框架重新分配资源，可增加企业收入 17% 以上。Wamba（2017）研究发现，大数据分析能力对企业绩效有直接和间接影响。Raguseo 和 Vitari（2018）研究发现，投资大数据分析通过提高顾客满意度和财务绩效进而提高企业业务价值潜能。Chen 等（2015）以及 Real 等（2019）研究发现，大数据分析影响企业价值创造。Brynjolfsson 等（2019）研究发现，引入机器翻译系统提高了数字平台的 10.9% 国际贸易。徐国虎和田萌（2017）研究发现，企业库存周转率和销售净利率在大数据系统实施当年不升反降，但在实施后 1—2 年显著提高；总资产周转率在实施当年和实施后第 1 年负增长，但在实施后第 2 年正向增长但不显著。

第一，大数据促进产品或服务创新。大数据技术提供了新的数据信息实践，创造了新的决策可能性，被广泛用于支持企业创新过程（Niebel et al. , 2018）。大数据为企业提供了大的想法，这些想法可以产生新的概念和大的解决方案，这是企业未来的增长引擎（Dutta and Bose，2015）。大数据可以帮助企业更好了解客户，设计更优质的产品，为顾客提供更适合的服务（Davenport et al.，2012）。Davenport（2013）认为，使用大数据可以大幅降低成本以及执行计算任务所需的时间，促进生产和服务创新。Chen 等（2012）、Lohr（2012）以及 Chang 和 Taylor（2016）认为，能生产不同类型数据的企业将获得巨大竞争优势，这些数据可以帮助企业识别潜在客户，开发更好的客户服务和产品，并制定更好的战略；企业可以从网络上跟踪在线客户的点击流数据，并利用这些数据进行行为分析，从而支持新产品开发。Cooper 和 Kleinschmidt（2011）认为，企业能实时收集用户反馈，跟踪客户行为并了解其变化，这种快速的市场反馈能使新产品开发更快，成本更低。Lavalle 等（2011）认为，通过充分的信息沟通，产品开发可以迅速纳入客户需要并具有足够的灵活度。丁雪辰和柳卸林（2018）认为，大数据背景下企业创新管理将呈现迭代创新、平台战略、海量用户参与的趋势。经验证据也表明大数据促进了产品或服务创新。Niebel 等（2018）基于德国企业的经验证据表明，大数据分析是企业成为产品创新者以及产品创新获得市场成功的决定因素。Lehrer 等（2018）认为，大数据分析使企业能为客户提供个性化服务，并为服务创新提供关键组织资源。Tan 和 Zhan（2017）研究发现，大数据可以缩短企业新产品开发及上市时间，降低新产品开发与生产成本，提高客户的产品采购意愿。Manyika 等（2011）研究发现，大数据可以缩短新药推向市场的时间。Wu 等（2019）研究发现，利用大数据分析能力将跨领域的外部知识集成到具有分散创新结构的企业，可以提升其创新能力，但这种影响主要源自非发明者雇员而非发明者本身。邢小强等（2019）研究发现，平台企业主要通过数字内容技术与数字联接技术支持高端市场（Top of the Pyramid，BOP）人群的内容生产与消费的价值主张，进而通过 BOP 内容生产者赋能、“智能＋人工”内容推荐、BOP 社交网络拓展与共享式价值获取等创新策略与手段，让 BOP 人群平等参与内容的价值创造与分享。沈国兵和袁征宇（2020）研究发现，互联网转型显著提升了中国企业的创新能力。谢绚丽等（2018）将数字普惠金融指数省级数据与用来度量地区创业活跃度的新增企业注册信息相匹配的研究发现，数字金融的覆盖广度、使用深度和数字支持服务程度均对创业有显著促进作用。

第二，大数据促进商业模式创新、监管创新以及创业。李文莲和夏健明（2013）提出“大数据”对商业模式创新驱动的三维视角，即大数据资源与技术的工具化运用、大数据资源与技术商品化推动“大数据”产业链形成、以“大数据”为中心的扩张引发行业跨界与融合。谢卫红等（2018）研究发现，高管信念显著促进高管积极推动商业模式创新，大数据应用能力在高管参与商业模式创新关系中发挥部分中介作用。赵光辉和李玲玲（2019）借鉴广州市网约车实现由“经验治理”到“数据治理”的科技监管相关经验，重构我国大数据时代网约车监管的逻辑路径，并认为大数据的信息技术赋能提升了政府监管的决策能力。张勋等（2019）将中国数字普惠金融指数和中国家庭追踪调查（CFPS）数据相结合，评估互联网革命所推动的数字金融发展对包容性增长的影响，研究发现，数字金融发展改善了农村居民的创业行为并促进了创业机会的均等化，特别有助于促进低物质资本或低社会资本家庭的创业行为。

大数据的预测价值。第一，大数据提高了销售预测的准确性。大数据时代，社交媒体数据、内部营运数据、客户搜索数据、情感分析数据等越来越多的大数据被纳入预测模型，同时，大数据又可以改进预测模型与方法，进而提高预测性能。Liu 等（2016）利用机器学习、数据挖掘和云计算技术，并使用4000亿个维基百科页面和20亿个推特数据，探讨如何利用 Twitter 等社交媒体上包括文本、视频、图像、音频和数字等数据进行预测，结果表明，信息内容和数据源的及时性是预测性能的最关键因素。Chong 等（2017）使用 Node. JS 代理检查 Amazon. com 的网页，获得评论数量、在线折扣、免费配送等在线评论及促销因素数据，基于神经网络分析的结果显示，在线评论和促销因素数据有助于预测产品需求。Cui 等（2018）采用多种机器学习方法，利用销售、广告和促销等详细的企业内部运营数据和从 Facebook 获得的公开社交媒体数据，预测在线服装零售商的每日销售额，结果发现，社交媒体信息可以显著提高每日销售额的预测精度。Boone 等（2018）利用时间序列模型预测在线零售商的产品销量，研究发现，客户搜索数据可以改进预测误差。See－To 和 Ngai（2018）利用客户评审数据对时装业的需求分布进行及时预测，研究发现，“临近预测”可以可视化需求分布的关键特征，在线客户评论有助于预测需求。Sagaert 等（2018）利用“时态大数据”开发了可以自动识别销售关键因素的方法，基于轮胎行业供应商的案例分析表明，该方法可以进行更准确的预测。Lau 等（2018）使用情感分析方法挖掘客户对产品的在线评论并用于销售预测，基于共同进化的极端学习机器的评估结果显示，情感增强的销售预测方法的预测性能得到了改善，研究发现，从大数据挖掘的消费者情绪可以提高销售预测模型和预测结果的准确性。Bajari 等（2019）对亚马逊零售预测系统的实证研究表明，更多数据有助于企业更好预测，使它们更好地为客户服务进而又产生更多的数据。第二，大数据可用于预测财务风险。宋彪等（2015）基于互联网上的相关在线信息，通过情感分析处理与统计网民的信息发布频次，形成传感器信号并引入财务风险预警模型，结果显示，基于大数据的财务风险预警模型具有更好的预测性能。第三，大数据可用于预测客户偏好。Lee 等（2018）综合使用 Amazon Mechanical Turk 和自然语言处理算法，对 782 家公司的 106316 条 Facebook 消息进行编码，分析社交媒体广告内容对客户参与度的影响，结果发现，包含与品牌个性相关的内容，比如幽默和情感，与更高层次的消费者参与（喜欢、评论、分享）相关。Bernstein 等（2019）提出了动态集群策略，当更多交易信息可用时，通过自适应地调整客户细分（具有相似偏好的客户集群）可以估计客户偏好。第四，大数据可用于预测利润或价值。Ferreira 等（2016）利用数据驱动的机器学习技术预测在线零售商 Rue La La 的需求，优化价格决策，提高了收益的 9.7%。Baughman 等（2016）将预测云计算系统用于网球和高尔夫球运动赛事，解决动态和不可预知的网络流量问题，可以减少约 50% 的云计算时间，同时减少了劳动力成本。Foster 等（2017）研究表明，患者数量和复杂度是急诊医生收入的关键要素，收入和患者经验正相关。第五，大数据可用于预测货物流量和到达时间。Tsai 等（2017）利用人工神经网络预测港口集装箱流量，结果表明，考虑了 GDP、利率、进出口贸易价值、进出口集装箱数量和码头起重机数量等因素，流量预测模型的预测误差较小，航运企业可以利用集装箱流量预测模型改进战略规划。Spoel 等（2017）通过对 230 名卡车司机的调查、数据分析和数据挖掘，并使用真实的交通和天气数据预测货物到达时间，研究表明，虽然“大数据”方法提供了有价值的见解，但其预测能力并不如预期。

大数据的决策价值。第一，决策模式由“直觉基础决策”转向“数据驱动决策”。“科学决策”以描述性统计与报表数据为主，属于以小样本数据为基础的单个问题的决策，“直觉”仍是这类决策的标签（McAfee and Brynjolfsson，2012）。当数据稀缺、信息获取成本高昂或无法以数字形式获取时，管理者根据经验、观察以及内化的模式与关系决策是有意义的。有了大数据，管理者可以准确度量并熟知他们的业务，并直接将这些知识用于改进决策和提高绩效（McAfee and Brynjolfsson，2012）。数据驱动决策是建立在数据分析基础上而不仅仅依靠直觉或经验进行的决策（Provost and Fawcett，2013）。大数据的迅猛发展催生了新型的大数据决策范式，激发了行为洞察、风险预见和业务模式等方面的创新（陈国青等，2020）。企业依靠大数据分析技术，发掘大数据蕴含的有价值信息，并借助智能化决策技术，提高决策质量，可以为企业创造较大经济价值。大数据被广泛用于支持企业的运营决策（如在线评论、食品零售链、电子健康），数字经济决策模型和工具（如数据挖掘、仿真和专家系统）能帮助企业获取大数据，更好地基于事实和数据作出决策（Tan et al.，2017）。不仅如此，商业、运作和管理等活动呈现出高频实时、深度定制化、全周期沉浸式交互、跨组织数据整合、多主体决策等特征，要求设计和构建相应的管理决策分析模型和方法，如高频实时决策范式、跨平台异构数据的商务智能方法与模式挖掘、极致定制化与可视化方法以及多主体共创与协调方法等（徐宗本等，2014）。第二，决策思维由传统决策的“因果关系”转向数据驱动决策的“相关关系”。大数据引发了决策思维的根本性改变，不再仅用小样本数据而要用全样本数据，不一味追求精确性而要兼顾实时性，不只关注因果关系而更强调相关关系（张才明，2013）。传统决策关注抽样数据的因果关系，需要知道“为什么”，对决策精度的要求较高，而数据驱动决策关注全部数据呈现的相关关系，对决策精度的要求有所降低，更强调对经济事项的颗粒化的实时表达。数据驱动决策注重关联及其扩展形式，如关联规则、层次关联、数量关联、时态关联、类关联、模式关联等，并广泛应用到众多领域，如搜索、推荐、模式识别等，但仍需要因果关系。然而，当数据并非有目的收集而且以非结构化方式呈现时（Anderson，2008；Varian，2010），大数据呈现的相关性可能会被错误地解释为因果关系，也可能从数据中发现错误模式（McAfee and Brynjolfsson，2012；Lazer et al.，2014），从而导致决策非效率。数据科学的最终目标是改进决策（Provost and Fawcett，2013），科学分析大数据并从中提取有价值的知识或见解，从根本上提高决策质量（Elgendy and Elragal，2016）。

投资者的信息需求不仅包括会计报表等财务信息，还包括公司治理、核心技术、营销网络、智力资本等非财务信息，以及管理层对财务信息和非财务信息的分析。结合对非财务信息的分析，投资者可以更好地理解公司当前的财务状况，并对未来业绩进行预测。在任何一份年报中，非财务信息所占篇幅都远远超过一半，其信息含量明显增加，决策有用性持续增强，即使是经验丰富的年报使用者也认识到年报中文字部分的重要性。有关问卷调查结果显示，大部分投资者都认为非财务信息对作出合理的投资决策有特别重要的作用，应该在财务报告中加以披露。对于某些高新技术行业，如无线电通讯行业、医药行业等，决定公司市场价值的主要因素并不是财务指标，而是非财务指标。在知识产权、组织结构资本和人力资本等无形资产越来越重要的今天，包含了大量非财务信息的 MD&A 文本，无疑可以对传统会计报表起到很好的补充和解释作用。

MD&A 文本具有如下特点：第一，提供动态信息。MD&A 从公司管理层的角度对公司的主要业务和资金的使用与来源、重大财务问题等进行全面的讨论和分析，其实质是通过对公司外部经营环境、业务发展状况、披露的财务报告所反映的历史信息和其他重大不确定事项的详细解读，向投资者提供正确理解公司财务状况、经营成果和现金流量情况所必要的动态信息，使投资者自公司管理层了解更多关于公司现状及未来发展变化的趋势，以及可能存在的风险和不确定因素等信息。第二，突出重要信息。MD&A 包括公司未来短期和长期的分析，突出管理层认为最重要的信息，着重于管理层已知的、可能导致财务报告难以显示公司未来经营成果与财务状况的重大事项和不确定因素，包括已对报告期产生重要影响但对未来没有影响的事项，以及尚未对报告期产生影响但对公司未来发展具有重要影响的事项等。第三，重在分析。公司进行的讨论与分析是通过文字叙述的方式进一步解读公司披露的财务报告，不是财务报告相关数据的文字重复。公司对于相关事项的披露不仅仅局限于简单描述或列举，而是着重分析其为何发生、如何发生以及它的潜在影响。第四，展现公司个性。上市公司结合公司特定的行业、规模、市场进行管理层讨论与分析，根据自身实际情况突出公司报告期经营状况和业务开展的特点，不应千篇一律。第五，清晰易懂。MD&A 的行文清晰明了，易于投资者理解。投资者通过管理层讨论与分析提供的有关公司盈利和现金流的质量及其变动等方面的分析，可以结合宏观经济形势的变化大致把握公司未来的发展状况和经营情况。第六，管理层参与。为保证 MD&A 能够充分符合年报准则的要求，公司管理层一般主持并参与 MD&A 的编制，以确保最重要和最相关的信息能够包含在其中。

4.3 文献评述

第一，当前文本特征对财务舞弊的解释力不足。现有研究表明，年报文本信息披露特征可能具有侦测公司财务舞弊的功能，公司财务舞弊时文本信息特征会发生某些规律性变化，比如文本相似度提高可能是为了掩饰负面信息；文本信息语调乐观也可以用于隐藏负面消息；文本主题内容对财务舞弊具有一定范围的预测作用。但是，现有机器学习相关研究存在诸多不足，都只是基于单一模态的视角研究公司财务舞弊，并未综合考虑企业多模态信息，也未区分财务舞弊动机与程度，这将导致单模态信息与舞弊的关系很可能只是相关关系，而非因果关系，在未准确解读其经济内涵的情况下，利用单模态信息与财务舞弊的相关关系来预测财务舞弊的可信度较弱。这为本书从多模态企业信息视角系统解释公司财务舞弊行为提供了契机。

第二，基于中文文本信息的机器学习研究仍然匮乏。相较于英文词汇构成，汉字构成更加复杂、表达方式更加丰富，中文文本信息会呈现出异于英文背景下的文本信息。鉴于理解年报 MD&A 文本变化规律及其经济后果对于中国资本市场的健康发展尤其是信息披露质量的监管十分重要，本书基于公司财务舞弊现象，探究中文语境中年报 MD&A 文本信息的变化，有助于理解中国新兴资本市场上的文本信息披露逻辑，进而充分挖掘文本信息的价值相关性。因此，本书拓展了中文语境的机器学习研究，符合会计文本信息“本土化”特点。

第三，当前公司财务舞弊侦测的精度较低。常规财务指标与异常财务指标对公司财务舞弊具有较好的预测作用，舞弊公司与非舞弊公司通常在资产负债率、存货销售比、净利润、毛利率等多方面存在差异，这些指标可以作为初步判断财务舞弊的征兆。在人工智能与大数据广泛应用的新形势下，财务舞弊的手段更加高明与隐蔽，现代会计核算越来越复杂。虽然现有常规与异常财务指标数量较多且较为全面，但仍不能完全识别与防范上市公司的舞弊。因此，本书为监管机构提供全新的方法侦测公司财务舞弊，并构建基于多模态机器学习企业年报信息的财务舞弊风险指数，以便直接作为实务界参考。

基于现有文献的上述特点，本书基于多模态机器学习中国上市公司年报，解读公司财务舞弊时年报非财务信息披露形式特征与主题内容是否存在系统性变化，考察资本市场能否识别公司财务舞弊时年报非财务信息文本的变化规律。最后，基于多模态机器学习企业年报信息对财务舞弊的侦测，构建全新财务舞弊风险指数，旨在为我国上市公司财务舞弊侦测与防范提升提供全新思路。

第5章 审计师识别：财务舞弊与年报信息披露形式特征的文本操纵

5.1 问题的提出

公司利用非财务信息文本操纵掩饰财务舞弊，好比说谎者需要圆谎以避免被外人察觉。基于想象的故事与基于真实经验的故事在性质上是不同的（Vrij et al.，2000），辨别真假故事的一个方法是看人们讲故事的语言，说谎者必须以真诚的方式呈现它（Friedman and Tucker，1990）。反映人们表达方式的词汇往往比他们的表达内容更能提供信息（Pennebaker and King，1999）。说谎者表现出更低的认知复杂性，较少使用自我参照和他人参照，使用更多负面情绪词汇（Matthew et al.，2003）。金融或会计领域的研究发现，提高文本相似度（Bloomfield，2008）、积极语调（Davis and Tama-Sweet，2012）可用于隐藏负面消息，而且语言因素结构（Hoberg and Lewis，2017）以及主题内容（Brown et al.，2020）对财务舞弊具有预测作用。但提高文本相似度、提高复杂度、积极语调等并不一定能掩饰财务舞弊，因为过于直接的文本操纵不仅不能掩饰财务舞弊反而会引起市场警觉。

较高文本相似度可被用于隐藏负面消息并给企业带来不利影响。一方面，重复披露不重要的信息导致文本相似度较高。能力较差的管理者倾向于在财务报告中披露其他渠道已披露过的信息（Leonardi et al.，

2012）。当公司业绩较差时，财务报告中的前瞻性信息和重复性信息显著增加，但当管理层希望传递有价值的R&D信息时，会减少R&D信息数量以突出重要的R&D信息（Merkley，2014）。另一方面，重复披露信息可以迷惑投资者，进而降低其对负面信息的反应程度。这些研究表明，重复披露不重要的信息可以误导信息使用者，而减少不必要的重复信息有助于提高信息披露效果。

积极语调可被用于隐藏负面消息并给企业带来不利影响。一方面，积极语调可用于掩饰内幕交易、盈余管理行为以及较差的业绩。当乐观程度异常高以及存在内幕交易时，财务报告的积极语调显著增加了公司被诉讼的风险（Rogers et al.，2011）。存在向上盈余管理动机（如迎合分析师、股票增发、并购等）时，公司会在财务报告中使用积极语调。财务报告语调与公司业绩和高管盈余管理动机密切相关，分析师和投资者会对不同语调作出积极或消极反应（Allee and Deangelis，2015）。业绩较差时，综合报告更乐观。另一方面，积极语调可能误导投资者。生动语言会显著影响牛市做空投资者和熊市做多投资者的判断，进而催生泡沫、引发恐慌（Hales et al.，2011）。可读性较低时，积极语调让不太成熟的投资者作出更高的收益判断，而让更成熟的投资者作出更低的收益判断（Tan et al.，2014）。这些研究说明积极语调能带给企业短期效应，但长期而言市场能识别公司的语调操纵行为。

较低文本可读性可被公司操纵用于隐藏负面消息并产生负面经济后果。一方面，较低文本可读性可用于隐藏较差的业绩、盈余管理行为以及激进避税行为。管理层倾向于撰写可读性较低的财务报告，隐藏或延迟披露公司较差的业绩表现（Li，2008）。财务业绩以及社会绩效较差时，综合报告明显较长且可读性较低。持续亏损或短暂盈利、高管股权激励程度较大以及诉讼风险较低时，公司有动机撰写可读性较差的财务报告（Kim et al.，2019）。管理者有更强自我提升动机时，倾向于披露好消息，更加关注未来，使用更多被动语态和更少人称代词（Asay et al.，2018）。管理层风险激励越高（Vega 期权越多），信息可读性越低（Chakrabarty et al.，2018）。公司避税高于行业平均水平时，管理层通过降低纳税脚注的可读性隐瞒激进的避税行为。另一方面，文本复杂度操纵可能降低投资者决策、降低分析师关注度与增加股价崩盘风险。财务报告可读性越低，总体交易越低。信息可读性较低时，投资者对公司的估值判断更容易受外部信息来源的影响（Asay et al.，2017）。年报复杂度与分析师跟随显著正相关，与分析师预测信息含量不存在显著关系（丘心颖等，2016）。年报文件越大、表示不确定的词数以及弱情态动词越多，贷款条款更严格，未来股价崩盘风险越大（Ertugrul et al.，2017）。年报可读性越差，未来股价崩盘风险越大（Kim et al.，2019）。这些研究说明公司利用较低文本可读性隐藏负面信息，但市场能识别公司的操纵行为。

本章后续安排如下，第二节阐述理论分析并提出研究假设；第三节进行研究设计，包括样本选择、模型设计与变量定义；第四节进行实证分析，包括主要变量的描述性统计、针对所提假设的检验，并探析公司利用年报文本信息掩饰财务舞弊行为的动机；最后总结本章的结论。

5.2 理论分析与研究假设

5.2.1 公司财务舞弊与年报信息披露形式特征的文本操纵

从增量信息角度看，降低文本相似度更有利于掩饰财务舞弊行为。重复披露重要信息可以提供增量信息、强化促进信息使用者对公司价值的正确判断，从而引发积极的市场反应（Leonardi et al.，2012）。重复不必要的信息并不能提供增量信息，其目的在于迷惑信息使用者，从而降低市场对负面消息的反应程度。财务舞弊肯定会导致公司某些指标超乎正常，需要更多能解释其合理性的说辞，或者需要大量信息披露以淹没市场信息使用者对这些指标的关注。因此增加信息披露进而降低文本相似度更符合掩饰财务舞弊行为的逻辑，而重复重要或不重要的信息均不利于掩饰异乎寻常的财务舞弊。

从理解难度上看，提高文本复杂度更有利于掩饰财务舞弊行为。较差文本可读性可能被企业用于隐藏较差的业绩（Li，2008），并可能降低投资者决策效率与增加股价崩盘风险（Ertugrul et al.，2017）。较低复杂度意味着未来盈余持续性更高、股价波动性更低（Li，2008），并引起更多的分析师关注与投资者关注（Rennekamp，2012）。较高复杂度会引起市场的负面猜测，而较好可读性能向市场传递清晰信号，并带来积极的市场后果，以更复杂的方式披露更多能对异常指标进行合理解释的信息，更有利于掩饰财务舞弊行为。

从市场反应看，乐观语调更有利于掩饰财务舞弊行为。乐观语调对未来盈余、股市收益等具有预测作用（Allee and Deangelis，2015），但也可用于隐藏内幕交易（Rogers et al.，2011）、较差业绩（Allee and Deangelis，2015），并催生泡沫、引发恐慌（Tan et al.，2014）。但由于市场参与者对乐观语言、情绪或语调作出积极反应，对悲观语调的反应较温和（Tan et al.，2014）。因此采用乐观语调比悲观语调更有利于掩饰财务舞弊行为。

假设5－1：公司进行财务舞弊时，年报文本信息的相似度显著降低、复杂度显著提高、乐观语调显著增加。

5.2.2 公司会利用年报文本形式特征精心掩饰财务舞弊行为吗

GONE理论最初在美国应用，现已成为世界范围内公认度最高的被用来分析企业舞弊与反舞弊的理论。GONE 理论主要包含四个要素，舞弊后MD&A 文本特征的变化是不是公司的精心掩饰行为，可以从舞弊效用函数上判断，舞弊对公司的效用越大，公司越有可能利用文本操纵精心掩饰财务舞弊。依据舞弊 GONE 理论，舞弊需求（N）可以反映舞弊收益，需求越强烈，舞弊收益越大，而暴露（E）可以反映舞弊成本，暴露的概率越大，舞弊成本越大，如果舞弊收益远大于舞弊成本，而且公司有舞弊品质（G）和舞弊可乘之机（O），财务舞弊就会发生，而且还会用文本操纵精心掩饰。贪婪因子主要着眼于道德层面，对企业高管的贪婪需求进行描述。贪婪体现为一种个体价值的判断。对符合自身价值判断的行为就推动其实施，对不符合自身价值判断行为则拒绝实施并且否定放弃。当舞弊者的不良价值观占主要的判断地位时，会计舞弊就变成一种符合其价值判断的行为。当企业的潜在舞弊者拥有一定的权力时，可能会发生“机会”因子导致的会计舞弊。企业的管理高层本身就具有较普通员工更高的权力与地位，如果公司未对管理高层的行为作出规范，未对管理高层进行良好的监督，此时，管理高层就会利用职务之便利，通过违规违法操作实施财务造假，获取不恰当的利益。“需要”因子也被称为“动机”因子，动机是产生会计舞弊的关键。由此可见，“需要”因子是决定企业是否会发生财务舞弊的关键因素，若企业存在资金周转不灵、急需上市或为了呈现较高股价等情况，则很可能会发生财务舞弊。所以审计人员在进行审计时可以多关注该企业目前的经营状况，是否存在急须上市等情况，若有此类情况的出现，那么审计人员应该进行进一步审查，审查其是否进行了财务舞弊。“暴露”因子主要包括两个方面，一是会计舞弊行为被发现和披露的可能性；二是会计舞弊行为发生后对舞弊者的惩罚性质及惩罚力度的大小。若舞弊行为被发现或者披露的可能性很小，那么舞弊者很大程度上抱有侥幸心理，进而实施舞弊；若企业相应的监管机构设置不严密，相关奖惩制度建立不完善，导致对舞弊者的惩罚力度过低或者对举报相应舞弊行为的人保护程度和奖励程度不够，即舞弊成本较低，那么舞弊者很大程度可能因为极高的不正当利益实施舞弊。

具体而言：（1）G 代表舞弊之心，主要是道德、品质方面的考量。公司面临较强的融资约束，好比人穷志气短，更容易产生舞弊之心。（2）O 代表舞弊机会。GONE 理论以及 COSO 报告认为，公司治理缺陷为舞弊创造了机会。财务舞弊涉及业务的方方面面，需要组织构架中的层层授权，因此健全的公司治理能有效制约财务舞弊。而公司治理的缺陷为财务舞弊大开方便之门，比如，如果 CEO 与董事长两职合一，且缺乏大股东和独立董事的有效制约，就为其实施财务舞弊创造了机会（陈关亭，2007）。（3）N 代表舞弊需求。通过盈余管理甚至财务舞弊应对外界压力、应对公司面临的财务困境，此时公司财务舞弊的需求更大。（4）E 代表暴露可能性。外部监管越薄弱，法制环境越差，财务舞弊被查处的可能性越小。因此舞弊之心越重、舞弊机会越多、舞弊需求越强烈、舞弊被暴露的概率越小，公司越有可能进行财务舞弊，财务舞弊后也越有可能利用 MD&A 文本操纵加以掩饰（见图 5－1）。

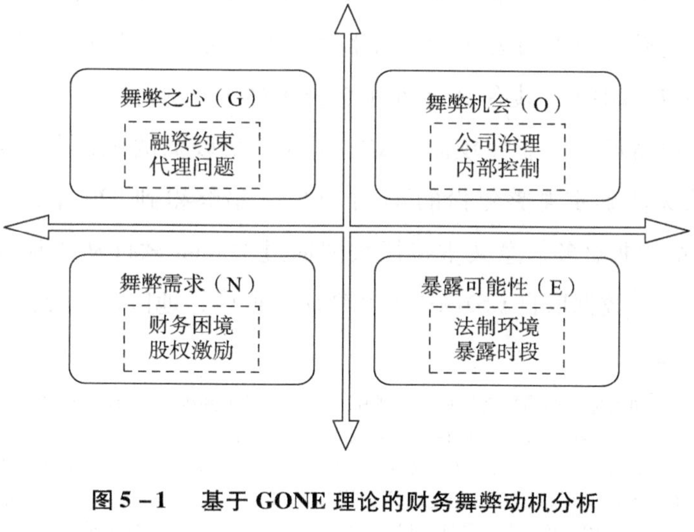

图 5－1　基于 GONE 理论的财务舞弊动机分析

假设 5-2：公司财务舞弊时，非财务信息文本特征的变化规律主要出现在舞弊之心较强、舞弊机会较多、舞弊需求较强烈以及舞弊被暴露概率较小的企业。

5.3 研究设计

5.3.1 样本选取与数据来源

本章基于 2007—2016 年沪深 A 股上市公司数据①，剔除金融保险业 641 个公司年度样本，被 ST、*ST 处理的 624 个公司样本，变量缺失的 5433 个公司年度样本，舞弊当年及下一年度即被查处（舞弊主观性与掩饰动机较弱）及财务舞弊年限缺失的 7695 个公司年度样本，查处以后的样本 2960 个，最终得到 8860 个“公司—年度”样本。

本章财务舞弊数据根据深圳国泰安数据库中有关中国证监会、沪深交易所和财政部对上市公司的公开谴责、公开批评或公开处罚公告整理而得。2007—2016 年共有 1695 个财务舞弊样本，删除当年及下年即被查处、公司刻意舞弊可能性较低、文本操纵动机较弱的 825 个财务舞弊样本，删除无法确定舞弊年份的 41 个样本，最终得到 829 个财务舞弊样本②。本章的非财务信息文本特征数据通过 Python 软件从年报 MD&A 部分提取，财务数据取自 CSMAR 和 WIND 数据库，地区宏观经济指标取自

① 鉴于公司财务舞弊需要在以后年度被中国证监会发现并查处，有时候时限较长，借鉴财务重述的相关研究，本章样本期间的截止年限设置为 2016 年。

② 从舞弊类型看，101 家企业操纵股价或内幕交易，369 家企业重大遗漏或推迟披露，196 家企业虚列资产或虚构利润，30 家企业占用公司资产或擅自改变资金用途，其他类型共计 133 家。从处罚类型看，103 家企业被罚款，143 家企业被批评或谴责，其他类型共计 583 家。

《中国统计年鉴》。为避免异常值的影响，本章对主要连续变量进行了上下1%的WINSORIZE（缩尾）处理。

5.3.2　模型设计与变量说明

本章借鉴Bertrand和Mullainathan（2003）以及Klasa等（2018）的研究，在控制个体与年度固定效应以消除不随时间改变的公司固定因素影响的基础上，设立模型（5-1），以检验财务舞弊Fraud对MD&A文本特征Textual_ Style的影响。

$$Textual\_Style_{i,t} = \beta_0 + \beta_1 Fraud_{i,t} + \beta_2 Controls_{i,t} + \beta_3 \Sigma Firm + \beta_4 \Sigma Year + \varepsilon_{i,t} \tag{5-1}$$

Textual_ Style反映MD&A文本特征。包括：（1）文本相似度Similarity，参照Brown和Tucker（2011）以及Merkley（2014）的研究，通过Python软件包Gensim，使用向量空间模型（Vector Space Model）计算前后两年MD&A文本（向量）的夹角余弦值（Cosine）；（2）文本复杂度Complexity，参照Dyer等（2017）以及Loughran和Mcdonald（2014）的研究，采用MD&A词汇总数的自然对数衡量；（3）文本语调Tone，采用公司当年积极词汇数量占MD&A词汇数量的比例衡量。Fraud反映公司是否发生财务舞弊。若上市公司进行了财务舞弊，则该上市公司首次进行财务舞弊年份至被证监会查处的年度Fraud取值为1，此前年度Fraud均取值为0；若上市公司从未进行财务舞弊，则该上市公司在样本期间内Fraud均取值为0。

Controls为控制变量，具体包括：国有产权性质哑变量SOE，年末总资产的自然对数Size，年末总负债与总资产的比值Leverage，年末净利润与总资产的比值Roa，托宾Q值，上市年限的自然对数Age，研发投入的自然对数R&D，是否四大会计师事务所审计Big4，是否增发股票SEO，地区 GDP 增长率，年报词汇总数的自然对数 Length。相关变量定义如表 5 - 1 所示。

表 5 - 1　　　　变量定义表

变量		变量定义
被解释变量	Similarity	公司当年 MD&A 整体相比上年文本相似度
	Complexity	公司当年 MD&A 总词汇数的自然对数
	Tone	公司当年积极词汇数量占 MD&A 词汇数量的比例
解释变量	Fraud	哑变量，若上市公司进行了财务舞弊，则该上市公司首次进行财务舞弊年份至被证监会查处的年度取值为 1，此前年度均取值为 0；若上市公司从未进行财务舞弊，则该上市公司在样本期间内均取值为 0
控制变量	SOE	若为国有企业，则该变量取 1，否则取 0
	Size	公司年末资产总和取自然对数
	Leverage	年末总负债与年末总资产的比值
	Roa	年末净利润与总资产的比值
	Tobin's Q	托宾 Q 值
	Age	公司上市年限取自然对数
	R&D	研发投入的自然对数
	Big4	公司被全球四大会计师事务所审计时取 1，否则取 0
	SEO	公司在样本期内存在股票增发事件取 1，否则取 0
	GDP	地区 GDP 增长率
	Length	公司当年年报总词汇数的自然对数

本章按照舞弊 GONE 理论中的舞弊之心、需求、暴露以及机会等特征变量对模型（5 - 1）进行分组回归的方式验证假设 2，其中用信息不对称程度、代理问题与融资约束衡量公司是否具有舞弊之心，用股票增发、财务困境、期权激励衡量公司是否具有舞弊需求，用内部控制缺陷与治理效率衡量公司是否具有舞弊机会，以及用市场法律环境与被查处时间间隔长短衡量财务舞弊被暴露的可能性。

5.4　实证结果及分析

5.4.1　描述性统计与相关性分析

表 5－2 为主要变量的描述性统计分析。在 MD&A 文本特征方面，(1) 文本相似度 Similarity 均值为 0.438，中位数为 0.430，数值分布较合理，但相似度最高为 0.756、最低只有 0.188，说明部分公司前后两年 MD&A 几乎未变或全变；(2) 文本复杂度 Complexity 均值为 8.008，中位数为 8.003，标准差为 0.596，数值分布合理；(3) 文本语调 Tone 均值为 0.608，中位数为 0.627，说明大多数 MD&A 文本语调偏乐观。在财务舞弊方面，Fraud 均值为 0.112，即约有 11.2% 的公司存在财务舞弊行为，观测样本分布较合理。

表 5－2　　变量描述性统计

变量	样本量	均值	标准差	p25	中位数	p75
Similarity	8860	0.438	0.119	0.354	0.430	0.512
Complexity	8860	8.008	0.596	7.631	8.003	8.357
Tone	8860	0.608	0.179	0.504	0.627	0.729
Fraud	8860	0.112	0.316	0.000	0.000	0.000
SOE	8860	0.462	0.499	0.000	0.000	1.000
Size	8860	22.065	1.299	21.174	21.914	22.832
Leverage	8860	0.479	0.221	0.305	0.478	0.643
Roa	8860	0.034	0.059	0.012	0.033	0.062
Tobin's Q	8860	2.362	2.331	0.931	1.698	2.886
Age	8860	2.277	0.711	1.792	2.485	2.833
R&D	8860	6.337	8.521	0.000	0.000	17.065
Big4	8860	0.013	0.115	0.000	0.000	0.000
SEO	8860	0.135	0.341	0.000	0.000	0.000
GDP	8860	0.095	0.023	0.077	0.088	0.110
Length	8860	8.008	0.596	7.631	8.003	8.357

考虑到管理者操纵年报文本形式特征主要是为了掩饰财务舞弊行为，本章基于公司是否进行财务舞弊分组，检验财务舞弊公司和非财务舞弊公司年报文本形式特征的差异，结果详见表5－3。差异性检验显示，非财务舞弊公司的MD&A文本相似度Similarity、文本复杂度Complexity、文本语调Tone的均值分别为0.495、7.835与0.585，财务舞弊公司对应变量的均值分别为0.402、8.234和0.627，两者存在显著差异。同时，中位数差异检验也得出相近结论。公司进行财务舞弊时，MD&A文本相似度Similarity呈现下降趋势，而文本复杂度Complexity与文本语调Tone呈现上升趋势。初步验证了公司进行财务舞弊时，存在利用风险信息内容操纵的可能。

表5－3　　差异性检验

Panel A：文本形式特征变量的差异性检验

变量	非财务舞弊公司		财务舞弊公司		差异性检验	
	均值	中位数	均值	中位数	均值差异	中位数差异
	(1)	(2)	(3)	(4)	(3)—(1)	(4)—(2)
Similarity	0.495	0.503	0.402	0.408	-0.093***	-0.095***
Complexity	7.835	7.902	8.234	8.348	0.399**	0.446**
Tone	0.585	0.602	0.627	0.663	0.042***	0.061***
N	7867		993		—	—

Panel B：系列控制变量的差异性检验

变量	非财务舞弊公司		财务舞弊公司		差异性检验（标准误）
	N＝7867		N＝993		
	均值	标准误	均值	标准误	
Size	22.031	0.014	21.662	0.035	0.041***
Leverage	0.425	0.002	0.548	0.007	0.007***
Roa	0.044	0.001	0.020	0.002	0.002***
Tobin's Q	2.590	0.023	2.427	0.071	0.071**
Age	2.048	0.009	2.338	0.020	0.025***
R&D	7.752	0.092	3.944	0.215	0.271***
Big4	0.019	0.001	0.008	0.003	0.004***
SEO	0.115	0.003	0.109	0.009	0.010
GDP	0.092	0.001	0.103	0.001	0.001***
Length	10.160	0.007	10.228	0.003	0.007***

注：括号内为t值，***、**、*分别表示1%、5%、10%水平下显著（双尾）。

此外，差异性检验显示，公司规模越小、资产负债率越高、净资产收益率越低，进行财务舞弊的可能性更大；研发投入少的公司更加注重短期效应而进行财务舞弊；被四大会计师事务所审计的公司的舞弊可能性更小；财务舞弊公司的年报更长，有更多的说辞。

表5－4为变量相关系数表。结果显示：MD&A文本相似度Similarity与财务舞弊Fraud在1%水平上显著负相关，文本复杂度Complexity以及文本语调Tone与财务舞弊Fraud在1%水平上显著正相关，说明相对于未舞弊的公司，舞弊公司MD&A文本的相似度更低、复杂度更高、语调更乐观，即财务舞弊公司系统性地改变了其MD&A文本特征。

5.4.2　基准回归分析

表5－5列示了财务舞弊前后MD&A文本特征的变化规律。表5－5中第（1）列的结果显示：MD&A文本相似度Similarity与财务舞弊Fraud在1%水平上显著负相关，表明发生财务舞弊后公司MD&A文本相似度显著降低，从而说明公司可能披露更多信息以掩饰其舞弊行为。表5－5中第（2）列的结果显示：MD&A文本复杂度Complexity与财务舞弊Fraud在1%水平上显著正相关，表明发生财务舞弊后公司MD&A文本复杂度显著提高，从而说明公司可能撰写更长篇幅的MD&A文档以掩饰其舞弊行为。表5－5中第（3）列的结果显示：MD&A文本语调Tone与财务舞弊Fraud在1%水平上显著正相关，表明发生财务舞弊后公司MD&A语调更乐观，从而说明公司可能以乐观语调撰写MD&A文档以掩饰其舞弊行为。上述结果说明财务舞弊前后公司MD&A文本特征发生了规律性变化，即语调更乐观、相似度更低、复杂度更高，而MD&A文本特征的这种规律性变化可能体现了公司刻意掩饰财务舞弊行为，从而验证了本章假设。

表 5-4　　变量相关系数表

变量	Similarity	Complexity	Tone	Fraud	SOE	Size	Leverage	Roa	Tobin's Q	Age	R&D	Big4	SEO	GDP	Length
Similarity	1														
Complexity	0.203 ***	1													
Tone	0.040 ***	0.169 ***	1												
Fraud	-0.130 ***	0.067 ***	0.035 ***	1											
SOE	-0.017 *	-0.074 ***	-0.016	-0.020 **	1										
Size	-0.072 ***	0.199 ***	0.128 ***	-0.088 ***	0.149 ***	1									
Leverage	-0.178 ***	-0.180 ***	-0.065 ***	0.175 ***	0.102 ***	0.378 ***	1								
Roa	0.070 ***	0.124 ***	0.161 ***	-0.141 ***	-0.024 **	0.022 **	-0.411 ***	1							
Tobin's Q	0.104 ***	-0.013	0.002	-0.023 **	-0.174 ***	-0.501 ***	-0.360 ***	0.234 ***	1						
Age	-0.159 ***	-0.265 ***	-0.046 ***	0.113 ***	0.250 ***	0.323 ***	0.426 ***	-0.226 ***	-0.333 ***	1					
R&D	0.249 ***	0.331 ***	0.141 ***	-0.137 ***	-0.150 ***	0.047 ***	-0.235 ***	0.091 ***	0.198 ***	-0.189 ***	1				
Big4	-0.003	0.063 ***	-0.004	-0.027 ***	-0.002	0.233 ***	0.083 ***	-0.015	-0.080 ***	-0.005	-0.082 ***	1			
SEO	-0.027 ***	0.044 ***	0.045 ***	-0.006	-0.020 **	0.028 ***	0.039 ***	0.011	0.063 ***	-0.025 ***	0.064 ***	-0.006	1		
GDP	-0.151 ***	-0.315 ***	-0.133 ***	0.145 ***	0.084 ***	-0.159 ***	0.170 ***	-0.067 ***	-0.067 ***	0.072 ***	-0.534 ***	0.061 ***	-0.015	1	
Length	0.133 ***	0.613 ***	0.167 ***	-0.085 ***	-0.036 ***	0.440 ***	0.007	0.083 ***	-0.045 ***	-0.101 ***	0.384 ***	0.130 ***	0.085 ***	-0.371 ***	1

注：***、**、*分别表示 1%、5%、10% 水平下显著（双尾）。

表 5－5　　财务舞弊前后 MD&A 文本特征的变化

变量	Similarity	Complexity	Tone
	(1)	(2)	(3)
Fraud	－0.021***	0.120***	0.041***
	(－3.32)	(4.13)	(3.75)
SOE	0.005	－0.041	－0.021
	(0.54)	(－0.80)	(－1.09)
Size	－0.016***	0.026	0.023***
	(－4.13)	(1.24)	(2.94)
Leverage	－0.005	－0.121	－0.058*
	(－0.34)	(－1.59)	(－1.80)
Roa	－0.062*	0.057	0.306***
	(－1.95)	(0.49)	(4.23)
Tobin's Q	－0.003***	－0.003	0.001
	(－3.10)	(－0.73)	(0.14)
Age	0.032***	－0.359***	0.011
	(5.17)	(－12.99)	(0.85)
R&D	－0.001	0.001	0.001
	(－1.08)	(0.36)	(0.28)
Big4	0.004	0.012	0.005
	(0.32)	(0.14)	(0.23)
SEO	－0.009***	－0.033***	0.014***
	(－2.95)	(－2.69)	(2.76)
GDP	－0.064	0.610	－0.149
	(－0.54)	(1.00)	(－0.64)
Length	－0.029***	0.788***	0.031
	(－2.99)	(14.87)	(1.64)
Year FE	Yes	Yes	Yes
Firm FE	Yes	Yes	Yes
Constant	1.018***	－0.138	－0.218
	(10.10)	(－0.23)	(－1.04)
Observations	8860	8860	8860
Adj－R^2	0.235	0.302	0.075
F	146.52	68.45	13.74

注：括号内为 t 值，***、**、* 分别表示 1%、5%、10% 水平下显著（双尾）。

5.4.3 稳健性检验

（1）财务舞弊被查处前后 MD&A 文本形式特征的规律性变化

为反证上述结论的可靠性，表 5－6 进一步观察财务舞弊被查处前后 MD&A 文本特征的规律性变化。从发生财务舞弊到财务舞弊被查处，公司具有通过改变 MD&A 文本进而掩饰其财务舞弊行为的动机。发生财务舞弊时形成掩饰动机，而财务舞弊被查处后掩饰动机消失，因此财务舞弊被查处前后 MD&A 文本特征可能呈现出与发生财务舞弊前后相反的变化规律。

表 5－6　财务舞弊被查处前后 MD&A 文本特征的规律性变化

变量	Similarity	Complexity	Tone
	(1)	(2)	(3)
Investigate	0.013***	−0.040*	−0.054***
	(2.74)	(−1.77)	(−5.27)
SOE	−0.008	−0.027	−0.038**
	(−0.96)	(−0.61)	(−2.04)
Size	−0.014***	0.047***	0.032***
	(−4.32)	(2.67)	(4.62)
Leverage	−0.001	−0.153**	−0.025
	(−0.12)	(−2.56)	(−0.94)
Roa	−0.061**	−0.002	0.237***
	(−2.48)	(−0.02)	(3.92)
Tobin's Q	−0.003***	−0.002	0.002
	(−3.30)	(−0.40)	(1.41)
Age	0.027***	−0.391***	0.013
	(4.72)	(−15.36)	(1.10)
R&D	−0.001	−0.001	0.001
	(−1.56)	(−1.19)	(0.79)

续表

变量	Similarity	Complexity	Tone
	(1)	(2)	(3)
Big4	0.007	-0.015	0.011
	(0.69)	(-0.19)	(0.52)
SEO	-0.010***	-0.017	0.010**
	(-3.72)	(-1.47)	(2.07)
GDP	0.042	-0.546	0.140
	(0.38)	(-0.98)	(0.64)
Length	-0.034***	0.902***	0.048***
	(-3.76)	(18.22)	(2.79)
Year FE	Yes	Yes	Yes
Firm FE	Yes	Yes	Yes
Constant	1.001***	-1.500***	-0.633***
	(11.12)	(-2.88)	(-3.17)
Observations	8860	8860	8860
Adj-R^2	0.241	0.293	0.070
F	187.96	82.00	14.82

注：括号内为t值，***、**、*分别表示1%、5%、10%水平下显著（双尾）。

本章按照财务舞弊是否被查处重新对Fraud进行赋值，若公司发生了财务舞弊，被查处及以后年度样本Fraud取值为1，其他年度样本Fraud取值为0；若公司未发生财务舞弊，则所有年度样本Fraud均取值为0。表5-6中第（1）列的结果显示：MD&A文本相似度Similarity与财务舞弊Fraud在1%水平上显著正相关，说明财务舞弊被查处后公司MD&A文本相似度显著提高，从而反证财务舞弊公司被查处前降低相似度更可能是为了掩饰其舞弊行为。表5-6中第（2）列的结果显示：MD&A文本复杂度Complexity与财务舞弊Fraud在10%水平上显著负相关，说明财务舞弊被查处后公司MD&A文本复杂度显著降低，从而反证财务舞弊公司被查处前撰写更长篇幅的MD&A文档更可能是为了掩饰其舞弊行为。

表5-6中第（3）列的结果显示：MD&A文本语调Tone与财务舞弊Fraud在1%水平上显著负相关，说明财务舞弊被查处后公司MD&A语调更消极，从而反证财务舞弊公司被查处前以乐观语调撰写MD&A文档更可能是为了掩饰其舞弊行为。上述结果表明财务舞弊被查处后，公司MD&A文本特征发生了规律性的变化，即相似度更高、复杂度更低、语调更消极。

表5-5反映了产生财务舞弊前后即掩饰动机形成前后的MD&A文本特征变化，表5-6反映了财务舞弊被查处前后即掩饰动机消失前后的MD&A文本特征变化，而且两者的变化规律完全相反，从而稳健地证明了本章假设。

（2）倾向得分匹配法

我们采用倾向得分匹配法（PSM）选择控制组样本，以减少实验组和控制组样本因公司特征不同对本章结论的可能影响。本章将公司规模Size、资产负债率Leverage、总资产报酬率Roa、企业价值Tobin's Q、上市年限Age、研发投入R&D、是否四大会计师事务所审计Big4、是否增发股票SEO、地区GDP水平、年报文本长度Length对是否发生财务舞弊进行回归并计算倾向得分Pscore，再依据倾向得分对样本进行1:1无放回匹配，得到3398对“实验组—控制组”样本。表5-7的PSM+DID回归结果显示：本章的结论依然稳健存在。

表5-7　　PSM+DID

变量	Similarity	Complexity	Tone
	(1)	(2)	(3)
Fraud	-0.021***	0.108***	0.042***
	(-3.43)	(3.68)	(3.76)
SOE	0.005	-0.015	-0.022
	(0.48)	(-0.24)	(-1.13)

续表

变量	Similarity	Complexity	Tone
	(1)	(2)	(3)
Size	-0.022***	0.045*	0.023***
	(-5.28)	(1.92)	(2.91)
Leverage	0.009	-0.119	-0.058*
	(0.54)	(-1.39)	(-1.81)
Roa	-0.068*	0.130	0.307***
	(-1.95)	(1.08)	(4.23)
Tobin's Q	-0.004***	-0.004	0.001
	(-2.86)	(-0.81)	(0.19)
Age	0.020**	-0.522***	0.012
	(2.06)	(-12.22)	(0.93)
R&D	-0.001	0.003**	0.001
	(-0.87)	(1.97)	(0.32)
Big4	0.026	0.252	0.004
	(1.62)	(1.42)	(0.21)
SEO	-0.008**	-0.034**	0.014***
	(-2.23)	(-2.37)	(2.74)
GDP	-0.056	0.063	-0.155
	(-0.42)	(0.09)	(-0.67)
Length	0.021***	0.745***	0.030
	(4.73)	(12.86)	(1.62)
Year FE	Yes	Yes	Yes
Firm FE	Yes	Yes	Yes
Constant	0.692***	0.304	-0.223
	(7.60)	(0.45)	(-1.06)
Observations	6796	6796	6796
Adj - R^2	0.220	0.361	0.075
F	89.62	59.20	14.43

注：括号内为 t 值，***、**、* 分别表示 1%、5%、10% 水平下显著（双尾）。

（3）安慰剂测试

执行安慰剂测试以消除可能存在的内生性问题。本章将公司财务舞弊发生时间向前平推3年，使用虚拟的财务舞弊年度重复表5－5的回归。表5－8安慰剂测试的结果显示：财务舞弊Fraud与三个MD&A文本特征指标均无显著关系，说明不可观测的公司固有差异导致的缺失变量偏误对本章结论的影响较小，从而验证了本章研究的因果效应。

表5－8　　安慰剂测试

变量	Similarity	Complexity	Tone
	(1)	(2)	(3)
Fraud	0.003	-0.008	-0.008
	(0.91)	(-0.52)	(-0.71)
SOE	-0.008	-0.035	-0.023
	(-0.98)	(-0.80)	(-1.15)
Size	-0.021***	0.042***	0.021***
	(-7.35)	(2.65)	(2.58)
Leverage	-0.003	-0.174***	-0.055
	(-0.21)	(-3.22)	(-1.60)
Roa	-0.046*	-0.031	0.342***
	(-1.91)	(-0.31)	(4.59)
Tobin's Q	-0.004***	-0.003	0.001
	(-4.04)	(-0.71)	(0.29)
Age	0.043***	-0.400***	0.011
	(7.82)	(-16.31)	(0.82)
R&D	-0.001*	0.001	0.001
	(-1.90)	(0.01)	(0.11)
Big4	0.005	-0.019	0.004
	(0.44)	(-0.24)	(0.20)
SEO	-0.011***	-0.023**	0.014**
	(-4.05)	(-2.09)	(2.54)

续表

变量	Similarity	Complexity	Tone
	(1)	(2)	(3)
GDP	0.001	-0.213	-0.187
	(0.01)	(-0.42)	(-0.77)
Length	-0.026***	0.881***	0.035*
	(-3.24)	(19.06)	(1.80)
Year FE	Yes	Yes	Yes
Firm FE	Yes	Yes	Yes
Constant	0.601***	-1.188**	-0.245
	(9.69)	(-2.50)	(-1.14)
Observations	8860	8860	8860
Adj - R^2	0.239	0.315	0.063
F	193.85	97.26	11.77

注：括号内为 t 值，***、**、* 分别表示 1%、5%、10% 水平下显著（双尾）。

5.4.4　基于 GONE 理论的财务舞弊动机分析

财务舞弊的 GONE 理论认为：财务舞弊由贪婪 Greed（G）、机会 Opportunity（O）、需要 Need（N）、暴露 Exposure（E）共同导致。即公司存在舞弊之心、舞弊机会、舞弊需求且事后被发现的可能性较低，那么就可能发生舞弊。

（1）从贪婪（G）角度分析公司文本操纵行为

企业融资约束程度越高，公司利用资本市场满足融资需求的动机就越强。本章参照吴秋生和黄贤环（2017）采用 Size & Age（SA）指数①衡量融资约束，该指数越大，表示融资约束越严重。表 5-9 按照 SA 指数中位数分组的回归结果显示：财务舞弊 Fraud 与 MD&A 文本特征的三个

① $SA = -0.737 \times Size_1 + 0.043 \times Size_2 - 0.040 \times Age$。

变量的显著相关关系主要存在于融资约束较高组，说明公司融资约束较高时，公司利用文本操纵掩饰财务舞弊的可能性越大。

表 5-9　　融资约束分析

变量	Similarity		Complexity		Tone	
	融资约束强	融资约束弱	融资约束强	融资约束弱	融资约束强	融资约束弱
	(1)	(2)	(3)	(4)	(5)	(6)
Fraud	-0.018**	-0.021	0.112***	0.084	0.050***	0.014
	(-2.31)	(-1.47)	(3.46)	(1.37)	(3.56)	(0.69)
SOE	0.022	-0.016	-0.022	-0.103	-0.046*	-0.015
	(1.61)	(-1.18)	(-0.36)	(-1.35)	(-1.65)	(-0.79)
Size	-0.021***	0.001	-0.002	0.041	0.032**	0.035**
	(-3.36)	(0.11)	(-0.06)	(1.06)	(2.32)	(2.01)
Leverage	-0.008	0.000	-0.143*	-0.073	-0.072*	-0.014
	(-0.45)	(0.01)	(-1.78)	(-0.49)	(-1.74)	(-0.25)
Roa	-0.066*	0.020	0.066	0.142	0.276***	0.283**
	(-1.73)	(0.34)	(0.53)	(0.52)	(3.25)	(2.30)
Tobin's Q	-0.004***	-0.006**	-0.001	0.013	-0.000	0.007**
	(-3.22)	(-2.07)	(-0.22)	(1.34)	(-0.05)	(2.34)
Age	0.037***	0.041***	-0.361***	-0.204***	0.024	0.004
	(4.54)	(2.81)	(-10.28)	(-2.74)	(1.41)	(0.16)
R&D	-0.001*	-0.000	0.001	-0.000	-0.000	0.000
	(-1.72)	(-0.44)	(0.42)	(-0.01)	(-0.17)	(0.56)
Big4	0.013	-0.003	0.255	0.044	-0.043	0.012
	(0.38)	(-0.20)	(0.72)	(0.50)	(-1.33)	(0.54)
SEO	-0.008*	-0.006	-0.023	-0.045**	0.025***	0.001
	(-1.94)	(-1.29)	(-1.50)	(-2.12)	(3.31)	(0.15)
GDP	-0.025	-0.106	0.399	0.878	-0.283	0.035
	(-0.15)	(-0.60)	(0.50)	(0.97)	(-0.87)	(0.09)
Length	-0.035**	-0.024*	0.869***	0.650***	0.029	0.011
	(-2.55)	(-1.66)	(12.20)	(7.83)	(1.11)	(0.38)

续表

变量	Similarity		Complexity		Tone	
	融资约束强	融资约束弱	融资约束强	融资约束弱	融资约束强	融资约束弱
	(1)	(2)	(3)	(4)	(5)	(6)
Year FE	Yes	Yes	Yes	Yes	Yes	Yes
Firm FE	Yes	Yes	Yes	Yes	Yes	Yes
Constant	1.160***	0.569**	-0.385	0.627	-0.378	-0.395
	(7.49)	(2.31)	(-0.53)	(0.56)	(-1.09)	(-0.94)
Observations	4441	4429	4441	4429	4441	4429
Adj - R^2	0.270	0.206	0.271	0.272	0.088	0.044
F	98.68	48.72	35.34	29.48	9.86	4.29

注：括号内为t值，***、**、*分别表示1%、5%、10%水平下显著（双尾）。

财务舞弊可能是代理问题的直接体现，代理问题较严重时，高管有动机谋取更大私利，发生财务舞弊的概率更大。本章借鉴Ang等（2000）的研究，使用管理费用率衡量代理成本。表5-10依据代理成本中位数分组的回归结果显示：财务舞弊Fraud与MD&A文本特征的三个变量的显著相关关系主要存在于管理费用率较高组，说明代理问题越严重，公司利用文本操纵掩饰财务舞弊的可能性越大。

表5-10　　代理问题分析

变量	Similarity		Complexity		Tone	
	管理费用率高	管理费用率低	管理费用率高	管理费用率低	管理费用率高	管理费用率低
	(1)	(2)	(3)	(4)	(5)	(6)
Fraud	-0.022**	-0.015	0.115***	0.149***	0.031***	0.011
	(-2.38)	(-1.64)	(2.64)	(3.84)	(2.60)	(1.31)
SOE	0.004	0.017	-0.078	-0.012	-0.070	-0.032
	(0.26)	(1.10)	(-0.92)	(-0.18)	(-0.82)	(-0.41)
Size	-0.013**	-0.019***	-0.033	0.076***	0.279***	0.222***
	(-2.04)	(-3.17)	(-1.07)	(2.68)	(5.20)	(4.76)

续表

变量	Similarity		Complexity		Tone	
	管理费用率高	管理费用率低	管理费用率高	管理费用率低	管理费用率高	管理费用率低
	(1)	(2)	(3)	(4)	(5)	(6)
Leverage	-0.008	0.002	-0.086	-0.224 **	-0.119	-0.492 **
	(-0.33)	(0.08)	(-0.78)	(-2.09)	(-0.56)	(-1.99)
Roa	-0.061	-0.036	-0.004	-0.117	5.345 ***	4.754 ***
	(-1.04)	(-0.84)	(-0.03)	(-0.57)	(7.99)	(5.12)
Tobin's Q	-0.005 *	-0.004 ***	-0.001	-0.006	-0.022	0.029
	(-1.93)	(-2.70)	(-0.19)	(-0.76)	(-1.12)	(0.84)
Age	0.048 ***	0.023 ***	-0.319 ***	-0.384 ***	-0.161 ***	0.085
	(4.78)	(2.68)	(-8.18)	(-8.16)	(-2.72)	(1.43)
R&D	-0.000	-0.000	0.002	0.001	0.029 ***	0.004
	(-0.85)	(-0.81)	(0.94)	(0.52)	(3.49)	(0.47)
Big4	-0.006	0.049 **	0.418 *	-0.067	0.018	-0.270
	(-0.50)	(2.57)	(1.77)	(-0.74)	(0.04)	(-1.10)
SEO	-0.009 **	-0.008 *	-0.040 **	-0.023	0.405 ***	0.194
	(-2.06)	(-1.74)	(-2.41)	(-1.29)	(2.96)	(1.57)
GDP	-0.143	-0.024	1.039	0.193	-1.400	0.398
	(-0.82)	(-0.13)	(1.16)	(0.24)	(-0.60)	(0.18)
Length	-0.014	-0.048 ***	0.898 ***	0.642 ***	0.371 *	0.372 *
	(-1.15)	(-3.11)	(11.57)	(8.92)	(1.81)	(1.90)
Year FE	Yes	Yes	Yes	Yes	Yes	Yes
Firm FE	Yes	Yes	Yes	Yes	Yes	Yes
Constant	0.786 ***	1.261 ***	-0.153	0.415	6.599 ***	6.388 ***
	(4.91)	(8.69)	(-0.17)	(0.53)	(3.26)	(3.26)
Observations	4425	4435	4425	4435	4425	4435
Adj - R^2	0.234	0.242	0.280	0.293	0.088	0.044
F	75.73	64.85	28.50	37.22	10.38	4.32

注：括号内为 t 值，***、**、* 分别表示 1%、5%、10% 水平下显著（双尾）。

（2）从舞弊机会（O）角度分析公司文本操纵行为

本章参照白重恩（2005）、张会丽和陆正飞（2012）的研究，通过对第一大股东持股比例、独立董事比例、机构投资者持股比例、董事长与总经理是否兼任、董事会规模、董事持股比例、高管持股比例以及前三名高管薪酬的自然对数进行主成分分析，构建公司治理指数（GIndex），公司治理指数大于中位数，视为公司治理状况较好。表5－11分组回归结果显示：财务舞弊Fraud与MD&A文本特征的三个变量的显著相关关系主要存在于公司治理较差组，说明治理水平越差，公司进行财务舞弊并利用文本操纵加以掩饰的动机越强。

表5－11　　内部公司治理缺陷分析

变量	Similarity		Complexity		Tone	
	内部公司治理好	内部公司治理差	内部公司治理好	内部公司治理差	内部公司治理好	内部公司治理差
	(1)	(2)	(3)	(4)	(5)	(6)
Fraud	-0.010	-0.024**	0.072	0.115***	0.010	0.037***
	(-1.14)	(-2.38)	(1.63)	(2.68)	(1.09)	(2.83)
SOE	0.003	-0.003	-0.050	-0.035	-0.036	-0.012
	(0.21)	(-0.20)	(-0.50)	(-0.60)	(-1.07)	(-0.46)
Size	-0.015***	-0.016***	0.045*	0.016	0.034***	0.020*
	(-2.91)	(-2.75)	(1.70)	(0.44)	(2.70)	(1.84)
Leverage	-0.035*	0.010	-0.193*	-0.073	-0.128**	-0.025
	(-1.78)	(0.46)	(-1.89)	(-0.72)	(-2.44)	(-0.60)
Roa	-0.071	-0.017	-0.047	0.210	0.408***	0.361***
	(-1.59)	(-0.33)	(-0.30)	(1.17)	(3.07)	(4.26)
Tobin's Q	-0.004**	-0.006***	-0.004	-0.009	-0.000	0.000
	(-2.05)	(-3.73)	(-0.70)	(-1.46)	(-0.04)	(0.00)
Age	0.040***	0.032***	-0.317***	-0.347***	0.009	0.005
	(3.88)	(3.79)	(-8.14)	(-7.81)	(0.40)	(0.27)

续表

变量	Similarity		Complexity		Tone	
	内部公司治理好	内部公司治理差	内部公司治理好	内部公司治理差	内部公司治理好	内部公司治理差
	(1)	(2)	(3)	(4)	(5)	(6)
R&D	0.000	-0.001**	-0.000	0.001	-0.000	-0.000
	(0.95)	(-1.98)	(-0.20)	(0.50)	(-0.15)	(-0.12)
Big4	-0.000	-0.007	-0.014	-0.013	-0.001	0.010
	(-0.02)	(-0.39)	(-0.11)	(-0.16)	(-0.02)	(0.38)
SEO	-0.005	-0.011**	-0.022	-0.030*	0.025**	0.005
	(-1.10)	(-2.48)	(-1.20)	(-1.69)	(2.12)	(0.83)
GDP	-0.002	-0.071	-0.298	0.804	-0.266	0.026
	(-0.01)	(-0.39)	(-0.36)	(1.00)	(-0.58)	(0.09)
Length	-0.030**	-0.026*	0.675***	0.900***	0.049	0.035
	(-2.21)	(-1.85)	(9.68)	(11.86)	(1.36)	(1.56)
Year FE	Yes	Yes	Yes	Yes	Yes	Yes
Firm FE	Yes	Yes	Yes	Yes	Yes	Yes
Constant	1.008***	0.974***	0.682	-1.101	-0.587*	-0.261
	(6.57)	(6.64)	(0.93)	(-1.11)	(-1.68)	(-0.91)
Observations	4451	4409	4451	4409	4451	4409
Adj - R^2	0.247	0.248	0.245	0.333	0.101	0.072
F	76.19	64.15	26.77	43.37	6.19	8.89

注：括号内为t值，***、**、*分别表示1%、5%、10%水平下显著（双尾）。

公司治理以及内部控制缺陷为财务舞弊创造了机会。本章参照刘浩等（2015）、白默和李海英（2017）的研究，采用迪博数据库的内部控制指数衡量内部控制质量（ICQ），内部控制指数越大，表明内部控制质量越好，内部控制指数越小，表明内部控制质量越差，财务舞弊发生的可能性更大。表5-12按照内部控制指数中位数分组的回归结果显示：财务舞弊Fraud与MD&A文本特征的三个变量的显著相关关系主要存在于内部控制指数较低组，说明内部控制缺陷越大，公司利用文本操纵掩饰财务舞弊的动机越强。

表 5 - 12　　　　内部控制缺陷分析

变量	Similarity		Complexity		Tone	
	内部控制指数高	内部控制指数低	内部控制指数高	内部控制指数低	内部控制指数高	内部控制指数低
	(1)	(2)	(3)	(4)	(5)	(6)
Fraud	-0.014	-0.019***	0.083	0.136***	0.005	0.023**
	(-0.81)	(-2.71)	(1.25)	(4.01)	(0.36)	(2.38)
SOE	-0.019	0.008	0.025	-0.059	0.025	-0.066
	(-0.59)	(0.76)	(0.21)	(-1.07)	(0.20)	(-1.13)
Size	-0.013	-0.020***	0.116*	-0.005	0.188***	0.186***
	(-1.01)	(-4.55)	(1.91)	(-0.26)	(2.68)	(5.39)
Leverage	0.005	-0.001	-0.271	-0.049	-0.016	-0.201
	(0.13)	(-0.05)	(-1.49)	(-0.63)	(-0.06)	(-1.18)
Roa	-0.053	-0.077*	0.089	-0.005	4.379***	4.289***
	(-0.77)	(-1.83)	(0.40)	(-0.04)	(5.00)	(6.47)
Tobin's Q	-0.001	-0.004***	-0.002	-0.006	-0.002	0.002
	(-0.42)	(-3.04)	(-0.15)	(-1.39)	(-0.06)	(0.12)
Age	0.071***	0.028***	-0.485***	-0.354***	0.112	-0.078*
	(3.03)	(4.25)	(-3.64)	(-12.50)	(1.09)	(-1.84)
R&D	-0.001	-0.000	0.001	0.000	0.017	0.012**
	(-0.74)	(-1.16)	(0.26)	(0.31)	(1.36)	(2.28)
Big4	0.024	0.004	0.989**	-0.089	-0.842*	-0.227
	(0.82)	(0.27)	(2.57)	(-1.15)	(-1.91)	(-1.00)
SEO	0.002	-0.010***	-0.036	-0.032**	0.396*	0.265***
	(0.12)	(-3.25)	(-0.68)	(-2.53)	(1.68)	(2.75)
GDP	-0.346	-0.054	2.002	0.026	-0.958	-2.489
	(-1.08)	(-0.42)	(1.53)	(0.04)	(-0.28)	(-1.47)
Length	-0.037	-0.031***	0.635***	0.800***	0.339	0.486***
	(-1.36)	(-2.98)	(4.63)	(14.09)	(1.05)	(3.31)

续表

变量	Similarity		Complexity		Tone	
	内部控制指数高	内部控制指数低	内部控制指数高	内部控制指数低	内部控制指数高	内部控制指数低
	(1)	(2)	(3)	(4)	(5)	(6)
Year FE	Yes	Yes	Yes	Yes	Yes	Yes
Firm FE	Yes	Yes	Yes	Yes	Yes	Yes
Constant	0.950***	1.130***	-0.415	0.476	4.844	4.888***
	(2.76)	(10.10)	(-0.26)	(0.82)	(1.53)	(3.53)
Observations	4463	4397	4463	4397	4463	4397
Adj - R^2	0.186	0.240	0.327	0.296	0.101	0.072
F	7.68	12.38	12.14	62.28	2.35	9.29

注：括号内为 t 值，***、**、*分别表示 1%、5%、10% 水平下显著（双尾）。

（3）从舞弊需求（N）角度分析公司文本操纵行为

财务舞弊通常与那些财务困境公司联系在一起，公司有可能通过财务舞弊掩饰其财务困境。本章参照 Altman（1968）的做法，采用 Z - score[①] 衡量财务状况，Z - score 值越大，表明公司财务状况越差，财务舞弊的可能性越大。表 5 - 13 按照 Z - score 中位数分组的回归结果显示：财务舞弊 Fraud 与 MD&A 文本特征的三个变量的显著相关关系主要存在于财务状况较差组，说明财务状况越差，公司利用文本操纵掩饰财务舞弊的动机越强。

当存在期权激励计划时，公司管理层有动机通过财务舞弊和文本操纵行为获得最大的期权激励价值。表 5 - 14 按照是否存在管理层期权激励计划分组的回归结果显示：财务舞弊 Fraud 与 MD&A 文本特征的三个变

① $Z - score = 1.2X_1 + 1.4X_2 + 3.3X_3 + 0.6X_4 + 0.99X_5$，$X_1$ = 营运资金/资产总额，X_2 = 留存收益/资产总额，X_3 = 息税前利润/资产总额，X_4 = 权益市值/负债账面价值，X_5 = 销售额/资产总额。

表 5-13　　财务困境分析

变量	Similarity		Complexity		Tone	
	财务状况较好	财务状况较差	财务状况较好	财务状况较差	财务状况较好	财务状况较差
	(1)	(2)	(3)	(4)	(5)	(6)
Fraud	-0.018	-0.019 **	0.032	0.138 ***	0.020	0.041 ***
	(-1.63)	(-2.26)	(0.55)	(4.02)	(1.11)	(2.94)
SOE	-0.007	0.018	-0.045	-0.064	-0.040	-0.011
	(-0.47)	(1.55)	(-0.49)	(-0.99)	(-1.42)	(-0.40)
Size	0.002	-0.024 ***	0.068 **	0.005	0.021	0.026 ***
	(0.28)	(-4.95)	(2.17)	(0.25)	(1.31)	(2.94)
Leverage	0.043	-0.023	-0.380 **	-0.140 *	-0.124	-0.020
	(1.27)	(-1.35)	(-2.36)	(-1.79)	(-1.34)	(-0.60)
Roa	-0.014	-0.083 *	-0.152	-0.020	0.373 **	0.250 ***
	(-0.24)	(-1.96)	(-0.65)	(-0.13)	(2.52)	(2.89)
Tobin's Q	-0.010 ***	-0.002	-0.013	0.002	0.003	0.001
	(-3.91)	(-1.46)	(-1.53)	(0.36)	(0.55)	(0.32)
Age	-0.006	0.038 ***	-0.446 **	-0.309 ***	0.093	0.011
	(-0.22)	(5.56)	(-2.17)	(-10.28)	(1.43)	(0.75)
R&D	-0.001	-0.000	0.001	0.000	0.001	0.000
	(-1.22)	(-0.84)	(0.20)	(0.00)	(1.04)	(0.46)
Big4	-0.005	-0.014	-0.021	0.102	0.008	0.018
	(-0.31)	(-0.91)	(-0.13)	(0.98)	(0.22)	(0.62)
SEO	-0.008	-0.009 ***	0.004	-0.033 **	-0.000	0.015 **
	(-1.39)	(-2.66)	(0.14)	(-2.51)	(-0.03)	(2.41)
GDP	0.006	-0.026	2.555 **	-0.016	-0.407	-0.175
	(0.02)	(-0.18)	(2.16)	(-0.02)	(-0.82)	(-0.68)
Length	-0.027	-0.033 ***	0.682 ***	0.801 ***	0.061 *	0.028
	(-1.55)	(-2.85)	(6.39)	(13.62)	(1.70)	(1.21)
Year FE	Yes	Yes	Yes	Yes	Yes	Yes
Firm FE	Yes	Yes	Yes	Yes	Yes	Yes
Constant	0.620 ***	1.221 ***	0.253	0.172	-0.579	-0.280
	(2.69)	(10.07)	(0.25)	(0.29)	(-1.23)	(-1.17)
Observations	4389	4471	4389	4471	4389	4471
Adj-R^2	0.218	0.257	0.290	0.267	0.090	0.073
F	30.38	116.26	25.17	47.10	2.74	11.23

注：括号内为 t 值，***、**、* 分别表示 1%、5%、10% 水平下显著（双尾）。

量的显著相关关系主要存在于存在期权激励计划组，说明存在期权激励计划时，公司利用文本操纵掩饰财务舞弊的可能性越大。

表 5－14　　是否存在股权激励计划分析

变量	Similarity		Complexity		Tone	
	存在期权激励计划	不存在期权激励计划	存在期权激励计划	不存在期权激励计划	存在期权激励计划	不存在期权激励计划
	(1)	(2)	(3)	(4)	(5)	(6)
Fraud	-0.021***	-0.012	0.116***	0.020	0.022**	0.011
	(-2.73)	(-1.61)	(3.30)	(1.19)	(2.20)	(1.36)
SOE	0.017	0.000	-0.066	0.009	-0.094	-0.006
	(1.33)	(0.02)	(-0.99)	(0.11)	(-1.35)	(-0.06)
Size	-0.018***	-0.018***	-0.009	0.049*	0.262***	0.147**
	(-3.37)	(-2.61)	(-0.34)	(1.69)	(5.78)	(2.54)
Leverage	-0.007	0.001	-0.159*	-0.011	-0.180	-0.345
	(-0.39)	(0.04)	(-1.71)	(-0.09)	(-1.00)	(-1.09)
Roa	-0.082**	0.007	0.082	0.012	4.885***	6.154***
	(-2.04)	(0.14)	(0.59)	(0.05)	(7.92)	(5.52)
Tobin's Q	-0.005***	-0.003	-0.006	0.004	-0.007	-0.053
	(-3.25)	(-1.21)	(-1.12)	(0.53)	(-0.38)	(-1.49)
Age	0.030***	0.040***	-0.336***	-0.362***	-0.092*	0.137*
	(3.59)	(3.75)	(-9.42)	(-7.37)	(-1.76)	(1.93)
R&D	-0.001***	0.001	-0.001	0.003	0.015**	0.012
	(-2.61)	(1.12)	(-0.85)	(1.43)	(2.23)	(1.24)
Big4	0.007	0.002	-0.048	-0.023	-0.963***	0.449
	(0.21)	(0.15)	(-0.18)	(-0.26)	(-3.01)	(1.48)
SEO	-0.011**	-0.007	-0.043***	-0.021	0.296***	0.273*
	(-2.53)	(-1.63)	(-2.79)	(-1.06)	(2.60)	(1.77)
GDP	-0.020	-0.141	0.513	0.949	-1.990	3.503
	(-0.14)	(-0.66)	(0.66)	(0.92)	(-1.01)	(1.21)
Length	-0.036***	-0.017	0.870***	0.655***	0.540***	-0.036
	(-2.63)	(-1.26)	(11.92)	(8.57)	(3.04)	(-0.15)
Year FE	Yes	Yes	Yes	Yes	Yes	Yes
Firm FE	Yes	Yes	Yes	Yes	Yes	Yes
Constant	1.118***	0.914***	-0.243	0.649	8.662***	-0.104
	(8.22)	(5.13)	(-0.35)	(0.74)	(4.85)	(-0.04)
Observations	2772	6088	2772	6088	2772	6088
Adj-R^2	0.241	0.255	0.302	0.252	0.090	0.073
F	84.79	62.28	38.68	29.23	10.32	3.54

注：括号内为 t 值，***、**、* 分别表示 1%、5%、10% 水平下显著（双尾）。

（4）从被暴露可能性（E）角度分析公司文本操纵行为

暴露主要指财务舞弊被查处的可能性，暴露的可能性越低，公司财务舞弊的可能性就越大。本章参考王小鲁等（2016）发布的《中国分省份市场化指数报告》，采用“市场中介组织的发育和法律制度环境”指数反映地区法制环境。公司注册地“市场中介组织的发育和法律制度环境”指数大于等于中位数，视为地区法制环境较好，财务舞弊被查处的可能性较大；公司注册地“市场中介组织的发育和法律制度环境”指数小于中位数，表示地区法制环境较差。表5-15按照地区法制环境分组的回归结果显示：财务舞弊 Fraud 与 MD&A 文本特征的三个变量的显著相关关系主要存在于地区法制环境较差组，说明地区法制环境越差，公司进行财务舞弊并利用文本操纵掩饰的动机越强。

表5-15　地区法制环境分析

变量	Similarity		Complexity		Tone	
	地区法制环境好	地区法制环境差	地区法制环境好	地区法制环境差	地区法制环境好	地区法制环境差
	(1)	(2)	(3)	(4)	(5)	(6)
Fraud	-0.017	-0.021**	0.014	0.127***	0.015	0.063***
	(-1.55)	(-2.55)	(1.34)	(3.24)	(0.75)	(4.27)
SOE	0.009	0.007	0.010	-0.119*	0.001	-0.028
	(0.47)	(0.64)	(0.15)	(-1.78)	(0.03)	(-1.15)
Size	-0.015**	-0.013**	0.019	0.035	0.026**	0.022**
	(-2.53)	(-2.34)	(0.72)	(1.14)	(2.28)	(2.06)
Leverage	0.006	-0.014	-0.218**	-0.013	-0.046	-0.092*
	(0.27)	(-0.67)	(-2.39)	(-0.11)	(-1.06)	(-1.96)
Roa	-0.052	-0.046	-0.226	0.228	0.282***	0.290***
	(-1.03)	(-1.10)	(-1.18)	(1.50)	(2.80)	(3.08)
Tobin's Q	-0.003*	-0.004**	-0.006	-0.001	0.000	-0.001
	(-1.76)	(-2.15)	(-0.92)	(-0.14)	(0.05)	(-0.21)
Age	0.025***	0.046***	-0.287***	-0.361***	0.027	0.004
	(2.71)	(4.13)	(-7.55)	(-8.19)	(1.55)	(0.21)

续表

变量	Similarity		Complexity		Tone	
	地区法制环境好	地区法制环境差	地区法制环境好	地区法制环境差	地区法制环境好	地区法制环境差
	(1)	(2)	(3)	(4)	(5)	(6)
R&D	-0.000	-0.000	-0.002	0.001	-0.000	0.001
	(-0.73)	(-0.30)	(-0.91)	(0.36)	(-0.34)	(0.78)
Big4	0.017	-0.022	-0.014	-0.075	0.009	0.023
	(1.21)	(-1.15)	(-0.11)	(-0.70)	(0.29)	(0.99)
SEO	-0.012***	-0.006	-0.014	-0.050***	0.022***	0.011
	(-2.92)	(-1.33)	(-0.81)	(-3.02)	(3.07)	(1.54)
GDP	0.105	-0.050	0.057	1.383*	-0.221	0.052
	(0.35)	(-0.33)	(0.04)	(1.74)	(-0.35)	(0.18)
Length	-0.015	-0.043***	0.815***	0.727***	0.020	0.035
	(-1.05)	(-2.88)	(9.74)	(9.95)	(0.72)	(1.32)
Year FE	Yes	Yes	Yes	Yes	Yes	Yes
Firm FE	Yes	Yes	Yes	Yes	Yes	Yes
Constant	0.830***	1.061***	-0.341	0.222	-0.246	-0.243
	(5.32)	(7.18)	(-0.43)	(0.24)	(-0.83)	(-0.80)
Observations	4626	4234	4626	4234	4626	4234
Adj - R^2	0.258	0.219	0.274	0.310	0.091	0.061
F	83.96	65.53	29.84	33.09	9.431	5.82

注：括号内为 t 值，***、**、* 分别表示 1%、5%、10% 水平下显著（双尾）。

本章采用财务舞弊发生到被查处的时间间隔衡量舞弊被发现的可能性，实际间隔时间越长，说明财务舞弊被查处的可能性越低。在本章样本中，发生财务舞弊到被查处的间隔时间越长，说明公司进行财务舞弊而且利用文本操纵掩饰财务舞弊的可能性越大，掩饰行为越成功。表 5-16 按照时间间隔分组的回归结果显示：财务舞弊 Fraud 与 MD&A 文本特征的三个变量间的显著相关关系主要体现在查处间隔期在 5 年以上的样本组，部分体现在查处间隔期在 2—4 年的样本组，而在查处间隔期为 0 或者 1 年的样本组，基准回归结论完全不存在。这些结果表明财务舞弊被查处的可能性越低，公司进行财务舞弊并利用文本操纵掩饰财务舞弊的可能性越大。

表 5 - 16 查处可能的影响

变量	Similarity			Complexity			Tone		
	间隔 0—1 年	间隔 2—4 年	间隔 5 年以上	间隔 0—1 年	间隔 2—4 年	间隔 5 年以上	间隔 0—1 年	间隔 2—4 年	间隔 5 年以上
	(1)	(2)	(3)	(4)	(5)	(6)	(7)	(8)	(9)
Fraud	-0.038	-0.026*	-0.017***	0.003	0.033*	0.015*	0.001	0.004	-0.050**
	(-0.87)	(-1.75)	(-2.81)	(0.70)	(1.81)	(1.82)	(0.16)	(0.06)	(-2.32)
SOE	0.039*	0.035	-0.010	0.002	0.005	0.009	0.005	0.039	0.009
	(1.65)	(1.60)	(-0.43)	(0.16)	(0.33)	(0.61)	(0.14)	(1.39)	(0.32)
Size	-0.011	-0.012	-0.011*	0.014***	0.014**	0.021***	0.013	0.010	0.005
	(-1.34)	(-1.52)	(-1.84)	(2.99)	(2.07)	(3.13)	(1.43)	(0.78)	(0.39)
Leverage	-0.050	-0.005	-0.007***	-0.000	-0.020	-0.025	0.008***	0.051	0.117**
	(-1.55)	(-0.16)	(-8.22)	(-0.39)	(-0.81)	(-1.09)	(5.43)	(0.97)	(2.49)
Roa	-0.371***	-0.281***	-0.007**	0.003	-0.075	-0.070*	0.008**	-0.215**	-0.185**
	(-5.62)	(-4.73)	(-2.40)	(1.64)	(-1.61)	(-1.71)	(2.11)	(-2.21)	(-2.25)
Tobin's Q	-0.002	-0.002	0.001**	-0.000	-0.002*	-0.002	-0.000	-0.004	-0.003
	(-0.89)	(-1.26)	(2.09)	(-0.83)	(-1.80)	(-1.59)	(-0.63)	(-1.35)	(-1.24)
Age	0.041***	0.042***	0.054***	0.046***	0.052***	0.044***	0.176***	0.175***	0.165***
	(3.25)	(3.56)	(5.71)	(7.21)	(5.98)	(5.37)	(14.36)	(10.37)	(10.51)
R&D	0.000	-0.000	0.001	-0.000*	-0.000	-0.001	-0.000	-0.001	-0.001
	(0.59)	(-0.02)	(1.18)	(-1.70)	(-0.77)	(-1.39)	(-0.56)	(-0.75)	(-0.67)

续表

变量	Similarity			Complexity			Tone		
	间隔 0—1 年	间隔 2—4 年	间隔 5 年以上	间隔 0—1 年	间隔 2—4 年	间隔 5 年以上	间隔 0—1 年	间隔 2—4 年	间隔 5 年以上
	(1)	(2)	(3)	(4)	(5)	(6)	(7)	(8)	(9)
Big4	-0.042	-0.041	-0.051*	0.007	0.005	0.006	-0.047*	-0.081***	-0.074**
	(-1.16)	(-1.16)	(-1.69)	(0.25)	(0.17)	(0.21)	(-1.75)	(-2.83)	(-2.57)
SEO	0.005	0.003	-0.010**	-0.003	0.001	0.002	-0.005	-0.009	-0.011
	(0.78)	(0.59)	(-2.24)	(-0.86)	(0.14)	(0.46)	(-0.89)	(-1.10)	(-1.43)
GDP	-0.024	-0.112	0.013	-0.225*	-0.232	-0.239	-0.217	-0.890**	-0.699*
	(-0.08)	(-0.39)	(0.06)	(-1.67)	(-1.05)	(-1.17)	(-0.79)	(-2.17)	(-1.90)
Length	0.038*	0.021	0.018	-0.009	-0.020	-0.020	-0.075***	-0.047	-0.019
	(1.81)	(1.04)	(1.06)	(-0.72)	(-1.21)	(-1.34)	(-3.20)	(-1.54)	(-0.65)
Year FE	Yes	Yes	Yes	Yes	Yes	Yes	Yes	Yes	Yes
Firm FE	Yes	Yes	Yes	Yes	Yes	Yes	Yes	Yes	Yes
Constant	1.010***	1.015***	0.988***	-0.922*	-0.071	-0.077	6.227***	5.506***	9.161***
	(12.64)	(9.49)	(9.80)	(-1.75)	(-0.11)	(-0.13)	(5.89)	(4.03)	(5.98)
Observations	15798	10125	8712	15798	10125	8712	15798	10125	8712
$Adj-R^2$	0.249	0.241	0.237	0.279	0.287	0.301	0.051	0.061	0.119
F	256.74	130.03	146.75	94.57	57.81	67.58	3.42	5.56	10.12

注：括号内为 t 值，***、**、* 分别表示 1%、5%、10% 水平下显著（双尾）。

5.5　本章小结

本章验证了公司财务舞弊前后 MD&A 文本特征的规律性变化是公司利用 MD&A 文本操纵精心掩饰财务舞弊的策略行为，研究发现：

第一，公司进行财务舞弊时，MD&A 文本的相似度降低、复杂度提高、语调更加乐观。但财务舞弊被查处后，MD&A 文本特征呈现相反的变化，即文本相似度提高、复杂度降低、语调更加不乐观，说明财务舞弊前后 MD&A 文本特征的规律性变化是公司利用 MD&A 文本操纵精心掩饰财务舞弊的策略行为。

第二，财务舞弊前后 MD&A 文本特征的规律性变化主要体现在舞弊之心较强、舞弊机会较多、舞弊需求较强烈以及舞弊被暴露概率较小组。具体而言：代理问题与融资约束程度越严重，公司越有舞弊之心；内部控制缺陷越多、公司治理效率越低，公司越有舞弊动机；股票增发与薪酬动机越强、外界压力越大，公司越有舞弊需求；地区法律环境越差、舞弊查处间隔期越长，公司舞弊暴露的可能性越低。基于此，公司更可能进行财务舞弊并利用 MD&A 文本操纵精心掩饰。

本章研究的意义在于：第一，验证了公司利用 MD&A 文本操纵精心掩饰其财务舞弊的策略行为。现有文献发现风险文本相似度提高、复杂度提高以及乐观语调可能被用于隐藏负面消息，这些片面的结论并不能体现公司系统性掩饰财务舞弊的行径。第二，有助于增强利用文本特征查处财务舞弊的可行性。非财务信息的价值相关性越来越高，但其可理解性与可靠性相对较弱，因此提高非财务信息的可理解性有助于发挥其价值相关性。本章提供了一种理解非财务信息文本及其价值实现逻辑的思路，即公司通过文本操纵增加信息使用者对非财务信息的理解从而达到掩饰财务舞弊的目的，因此监管者可以依据公司 MD&A 文本特征变化规律并结合舞弊形成要素对财务舞弊进行查处。

本章研究的不足在于：第一，目前财务、会计领域尚无公认的中文文本分析方法以及文本特征计量方式，本章尝试对 MD&A 进行文本分析并提取文本特征指标，难免缺乏权威性。但本章采用其他可替代计量方式，比如采用字典法计量文本语调乐观程度，仍可得到相同结果，可保证本章计量方式与研究结论的可信度。第二，本章侧重于观察财务舞弊前后所有文本特征的变化规律，有利于从整体上理解公司的信息披露策略行为，不足之处在于对文本特征变化的研究缺乏深度。但是在了解整体的前提下深入研究局部，可避免只关注局部问题而产生的偏差。第三，本章研究有利于增强非财务信息的可理解性，但是要发挥其在实际操作中的价值，后续研究有待深化。只有多角度观察文本特征的变化规律，并固化为文本分析程序，才能被信息使用者和监管者所利用。

第6章　审计师识别：财务舞弊与年报信息披露主题内容的文本操纵

6.1　问题的提出

为适应市场化进程，中国证监会于2007年发布了《公开发行证券的公司信息披露内容与格式准则第2号——年度报告的内容与格式》，要求公司在年报“管理层分析与讨论”部分针对公司发展状况进行风险告知，如实披露公司在经营发展中发现的系列不利风险因素。证监会于2012年与2014年再次修订，深化风险信息披露的强制性规定。首先，公司披露风险信息通常被视为负面消息（Li，2006），因此管理层时常出于自利动机隐瞒负面消息以维护自身良好的职业形象（Kothari et al.，2009）。其次，风险信息通常涉及公司的商业机密，公司通常隐瞒商业机密以保持竞争优势（Dye，2001）。风险信息极易引发市场恐慌，致使人们对特定信息的解读甚至对公司的认知出现偏误（Calomiris and Mason，1997）。最后，风险很难被准确认知和精确度量，风险信息披露具有不确定性，容易遭受质疑甚至引发诉讼。同时，模板化的风险信息披露对外部投资者的参考意义不大（Kravet and Mulsu，2013）。FASB（2010）认为，财务报告主要的作用就是提供有用的信息，估计净现金流的数量、时间和不确定性。

现阶段公司所处的生产经营环境日趋复杂，财务数字信息通常反映公司过去的生产经营状况，已经不能完全为投资者决策提供参考。管理层在披露过程中所选取的披露策略不再使用容易被识别的的择时披露、虚假披露、选择性披露策略（王雄元，2005），转而采用迷惑性更强的年报文本信息内容操纵。年报文本风险信息不同于一般财务信息，是一种特殊的信息，较难被精确量化。风险信息披露可以有效提升市场参与者对公司风险的直接感知，导致投资者对未知风险的不确定性（Kravet and Mulsu，2013），进而影响资本市场的交易量与波动性（Kravet and Mulu，2013；Campbell et al.，2014）。相较于财务数字信息的操纵，年报文本信息内容操纵的隐蔽性更强，不易被投资者察觉与识别，因而外部投资者极易被年报文本信息掩饰财务舞弊行为迷惑，无法准确识别公司财务舞弊行为。

本章后续安排如下，第二节阐述理论分析并提出研究假设；第三节进行研究设计，包括样本选择、模型设计与变量定义；第四节进行实证分析，包括主要变量的描述性统计、对所提出假设进行检验，并探究管理层是否出于自利的动机进行年报文本主题内容的文本操纵；最后总结本章的结论。

6.2 理论分析与研究假设

6.2.1 公司财务舞弊与年报信息披露主题内容的文本操纵

公司利用非财务信息文本操纵掩饰财务舞弊，好比说谎者需要圆谎以避免被外人察觉。基于想象的故事与基于真实经验的故事在性质上是不同的（Vrij et al.，2000），辨别真假故事的一个方法是看人们讲故事的语言，说谎者必须以真诚的方式呈现它。反映人们表达方式的词汇往往比他们的表达内容更能提供信息（Pennebaker and King，1999）。因为过于直接的文本操纵不仅不能掩饰财务舞弊反而会引起市场警觉。管理层策略性披露年报文本信息，其目的在于增加投资者对市场信息的解读成本，导致投资者不能准确评估公司的实际经营状况（Sloan，1996），导致市场在估计公司市场价值时出现偏差，进而导致公司在估值时出现偏误（Xie，2001）。

从风险厌恶角度，减少文本风险主题更有利于掩饰财务舞弊行为。公司披露风险容易导致市场恐慌，使市场参与者对公司披露的信息的解读出现较大偏差（Gilbert and Vaughan，1998），因此管理层出于自利动机的目的通常会隐瞒风险以维护自身良好形象，助力自身未来职业发展（Kothari et al.，2009）。同时，风险信息通常涉及公司的商业机密，使公司披露风险信息的专有化成本较高（Dye，2001），管理层有动机隐瞒风险以避免商业机密泄露导致自身竞争力削弱。此外，公司风险发生的概率及其影响程度通常难以被监管机构有效监管，因而公司披露越多的风险信息反而越容易遭受监管者的关注。以上原因导致公司披露风险信息的意愿不足，即使披露也会采取三种策略。第一，模板式披露风险信息，不引起任何市场波动。第二，披露更多未知风险因素及风险事项，向市场传递公司未来经营不确定的信号并导致股价异常波动（Kim and Verrecchia，1991）。第三，披露更多已知风险因素和风险事项，缓解信息不对称进而减少股价波动性。由于不披露就是坏消息（Healy and Palepu，2001），而披露更多未知风险因素或事项会引起更大市场波动，进而可能恶化财务舞弊试图避免的窘境，以及增加市场对公司的关注从而增加财务舞弊被发现的可能性，而选择样本式披露或披露更多已知风险事项过于明显。因此选择维持现有风险水平但披露更多宏观风险而非特质性风险，或者适度减少风险信息以向市场传递公司经营向好的信号，更有利于掩饰财务舞弊行为。

此外，相较于英文表达的线性思维方式，中文表达方式更倾向于圆滑的思维与表达，表现在语言通常是委婉含蓄的表达。因此，中文晦涩的语义与含蓄的表达无疑使原本冗长的年报文本信息理解起来更为困难，中文表达方式为管理层利用年报文本信息掩饰财务舞弊行为提供了广阔空间，给投资者正确解读公司信息带来很大挑战。管理层通常会采用冗长、晦涩难懂的文字来加大信息使用者的阅读难度。由于文本信息披露的可控性更强，为避免被拆穿，企业可能减少文本信息披露的信息含量，比如增加非特质性信息披露（比如政治风险、政策风险、汇率风险、审批风险、税收风险等）而减少特质性信息披露（比如财务风险、会计风险、审计风险、销售风险、经营风险、供应链风险、重组风险等），也即“避重就轻”、“顾左右而言他”，以掩人耳目。

假设6－1：公司进行财务舞弊时，管理层会进行年报主题内容操纵，表现为MD&A文本的风险主题信息显著减少、特质性信息显著减少、非特质性信息显著增加。

6.2.2 公司财务舞弊、管理者自利与年报披露主题内容的文本操纵

管理层在长期受托人的情形下会固化其控制公司资源的习惯，随着公司规模的不断扩张，管理层将不断增加可以控制的资源，实现其“帝国建造”的目的。当公司经营状况较好时，管理层通常强调良好的发展前景是由自身主观能动性所致；公司经营状况较差时，管理层通常强调糟糕的现实是由外部环境以及政治因素等客观条件所致。为追求超额收益，管理者有足够的自利动机进行投资甚至造假，影响企业的整体发展，进而损害股东利益。相比于财务信息，年报文本信息呈现叙述性特点，

其内容大多未经过权威机构审核与鉴证，这将导致管理层在叙述文本信息时有较大的文本操纵可能。当企业发生财务舞弊时，管理层有动机隐瞒风险以维护自身职业发展，MD&A 中有关风险（或不确定性）的披露比例可能会减少，对企业自身面对的风险尽可能少的披露以避免引起信息使用者的关注，而披露越多反而越容易受到质疑，因此适度减少风险信息以向市场传递公司经营向好的信号，更有利于掩饰财务舞弊行为。

公司治理理论聚焦于股东对管理层的激励与约束，公司的业绩状况通常用销售增长率、股东回报率以及股市表现反映，常规手段则是将管理层的薪酬水平与其经营管理业绩联系（Healy and Palepu，2001），公司的业绩则与管理层薪酬水平挂钩（Murphy，1985），因此管理层通常会使用盈余管理等手段虚增盈余，达到业绩状况较好的目的，以获取更高薪酬水平（Healy，1985）。在大数据时代背景下，财务指标的数字操纵容易被监管者识别，公司财务舞弊行为更加隐蔽，舞弊者有更高明的操纵手段，由于文本主题内容操纵不改变盈余数字信息，管理者操纵主题内容更可能是为了获取应得薪酬以外的超额薪酬。当管理层对年报文本主题内容进行操纵时，外部信息使用者对年报信息解读的成本升高，不利于其识别与评价管理层隐藏的坏消息，如此管理层将获取更高的超额薪酬。当管理层获得足够货币性私有收益后，有动机披露更多不相关的信息来掩饰超额薪酬的合理性与正当性（黄再胜，2013）。因此本章预期管理者出于自利动机操纵年报文本主题内容，旨在掩饰财务舞弊行为。

假设6-2：公司进行财务舞弊时，管理层出于自利的动机进行年报主题内容操纵，以达到获得超额薪酬的目的。

6.3 研究设计

6.3.1 样本选取与数据来源

本章基于2007—2016年沪深A股上市公司数据①，剔除金融保险业641个公司年度样本，被ST、*ST处理的624个公司样本，变量缺失的5433个公司年度样本，舞弊当年及下一年度即被查处（舞弊主观性与掩饰动机较弱）及财务舞弊年限缺失的7695个公司年度样本，查处以后的样本2960个，最终得到8860个“公司—年度”样本。

本章财务舞弊数据根据深圳国泰安数据库中有关中国证监会、沪深交易所和财政部对上市公司的公开谴责、公开批评或公开处罚公告整理而得。2007—2016年共有1695个财务舞弊样本，删除当年及下年即被查处、公司刻意舞弊可能性较低、文本操纵动机较弱的825个财务舞弊样本，删除无法确定舞弊年份的41个样本，最终得到829个财务舞弊样本②。本章非财务信息文本特征数据通过Python软件从年报MD&A部分提取，财务数据取自CSMAR和WIND数据库，地区宏观经济指标取自《中国统计年鉴》。为避免异常值的影响，本章对主要连续变量进行了上下1%的WINSORIZE（缩尾）处理。

---

① 鉴于公司财务舞弊需要在以后年度被中国证监会发现并查处，有时候时限较长，借鉴财务重述的相关研究，本章样本期间的截止年限设置为2016年。

② 从舞弊类型看，101家企业操纵股价或内幕交易，369家企业重大遗漏或推迟披露，196家企业虚列资产或虚构利润，30家企业占用公司资产或擅自改变资金用途，其他类型共计133家。从处罚类型看，103家企业被罚款，143家企业被批评或谴责，其他类型共计583家。

6.3.2 模型设计与变量说明

本章借鉴 Bertrand 和 Mullainathan（2003）以及 Klasa 等（2018）的研究，在控制个体与年度固定效应以消除不随时间改变的公司固定因素影响的基础上，设立模型（6-1），以检验财务舞弊 Fraud 对 MD&A 文本主题内容 Textual_ Topic 的影响。

$$Textual\_Topic_{i,t}=\beta_0+\beta_1 Fraud_{i,t}+\beta_2 Controls_{i,t}+\beta_3\Sigma Firm+\beta_4\Sigma Year+\varepsilon_{i,t} \tag{6-1}$$

Textual_ Topic 反映 MD&A 文本主题内容。包括：(1) 风险主题信息 Risk，参照 Campbell 等（2014）的研究，采用 Latent Dirichlet Allocation 算法统计“风险”、“不确定”、“复杂”、“波动”、“挑战”、“多变”等风险主题词的频率，除以 MD&A 总字数再乘以 100 衡量。(2) 特质性信息 Specific，年报“管理层讨论与分析”中与企业经营直接相关关键词字数总和占“管理层讨论与分析”部分总字数的比例乘以 100。其中与企业经营直接相关关键词包括财务风险、审计风险、会计风险、供应链风险、销售风险、重组风险。(3) 非特质性信息 Non-Specific，年报“管理层讨论与分析”中与企业经营不直接相关关键词字数总和占“管理层讨论与分析”部分总字数的比例乘以 100。其中与企业经营不直接相关关键词包括汇率风险、政治风险、政策风险、审批风险、税收风险。若上市公司进行了财务舞弊，则该上市公司首次进行财务舞弊年份至被证监会查处的年度 Fraud 取值为 1，此前年度 Fraud 均取值为 0；若上市公司从未进行财务舞弊，则该上市公司在样本期间内 Fraud 均取值为 0。

Controls 为控制变量，具体包括：国有产权性质哑变量 SOE，年末总资产的自然对数 Size，年末总负债与总资产的比值 Leverage，年末净利润与总资产的比值 Roa，企业价值 Tobin's Q，上市年限的自然对数 Age，研发投入的自然对数 R&D，是否四大会计师事务所审计 Big4，是否增发股票 SEO，地区 GDP 增长率，年报词汇总数的自然对数 Length。相关变量定义如表 6－1 所示。

表 6－1　　　　变量定义表

变量		变量定义
被解释变量	Risk	年报“管理层讨论与分析”部分风险类关键词字数总和占“管理层讨论与分析”部分总字数的比例乘以 100。其中，风险类关键词包括：“风险”、“不确定”、“波动”、“挑战”、“多变”、“复杂”等
	Specific	年报“管理层讨论与分析”中与企业经营直接相关关键词字数总和占“管理层讨论与分析”部分总字数的比例乘以 100。其中微观层面关键词包括财务风险、审计风险、会计风险、供应链风险、销售风险、重组风险
	Non－Specific	年报“管理层讨论与分析”中与企业经营不直接相关关键词字数总和占“管理层讨论与分析”部分总字数的比例乘以 100。其中宏观层面关键词包括汇率风险、政治风险、政策风险、审批风险、税收风险
解释变量	Fraud	哑变量，若上市公司进行了财务舞弊，则该上市公司首次进行财务舞弊年份至被证监会查处的年度取值为 1，此前年度均取值为 0；若上市公司从未进行财务舞弊，则该上市公司在样本期间内均取值为 0
控制变量	SOE	若为国有企业，则该变量取 1，否则取 0
	Size	公司年末资产总和取自然对数
	Leverage	公司年末总负债与总资产的比值
	Roa	公司年末净利润与总资产的比值
	Tobin's Q	公司托宾 Q 值
	Age	公司上市年限取自然对数
	R&D	公司研发投入的自然对数

续表

变量		变量定义
控制变量	Big4	公司被全球四大会计师事务所审计时取1，否则取0
	SEO	公司在样本期内存在股票增发事件取1，否则取0
	GDP	地区GDP增长率
	Length	公司当年年报总词汇数的自然对数

6.4　实证结果及分析

6.4.1　描述性统计与相关性分析

表6－2为主要变量的描述性统计分析。在MD&A文本风险主题内容方面，（1）风险主题Risk均值为0.277，中位数为0.230，说明1000个词中有2—3个风险词汇；（2）特质性信息Specific均值为0.293，中位数为0.223，标准差为0.320，数值分布较合理；（3）非特质性信息Non－Specific均值为0.237，中位数为0.209，标准差为0.174，数值分布合理；在财务舞弊方面，Fraud均值为0.112，即约有11.2%的公司存在财务舞弊，观测样本分布较合理。

表6－2　　变量描述性统计

变量	样本量	均值	标准差	p25	中位数	p75
Risk	8860	0.277	0.212	0.139	0.230	0.359
Specific	8860	0.293	0.320	0.033	0.223	0.407
Non－Specific	8860	0.237	0.174	0.109	0.209	0.334
Fraud	8860	0.112	0.316	0.000	0.000	0.000
SOE	8860	0.462	0.499	0.000	0.000	1.000

续表

变量	样本量	均值	标准差	p25	中位数	p75
Size	8860	22.065	1.299	21.174	21.914	22.832
Leverage	8860	0.479	0.221	0.305	0.478	0.643
Roa	8860	0.034	0.059	0.012	0.033	0.062
Tobin's Q	8860	2.362	2.331	0.931	1.698	2.886
Age	8860	2.277	0.711	1.792	2.485	2.833
R&D	8860	6.337	8.521	0.000	0.000	17.065
Big4	8860	0.013	0.115	0.000	0.000	0.000
SEO	8860	0.135	0.341	0.000	0.000	0.000
GDP	8860	0.095	0.023	0.077	0.088	0.110
Length	8860	8.008	0.596	7.631	8.003	8.357

图6－1为年报MD&A文本风险主题内容时间变化趋势图。从时间序列上看，中国上市公司年报MD&A文本风险主题内容总体呈上升趋势。可见，上市公司在年报中披露文本风险信息越来越多，市场竞争日趋激烈，企业面临的风险越来越大。

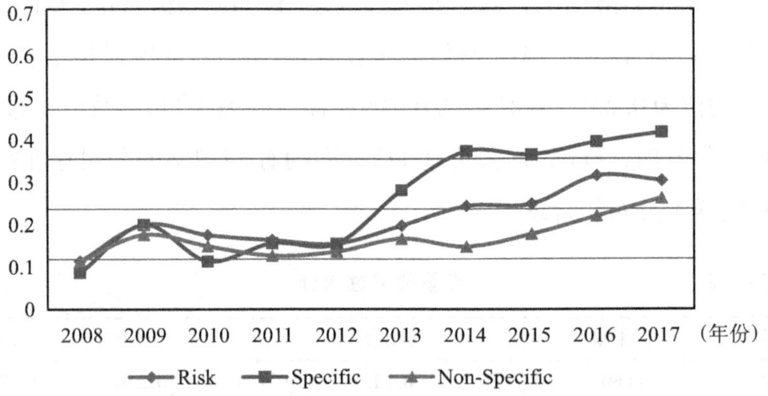

图6－1　年报文本信息内容的时间趋势

考虑到管理者操纵年报文本风险主题内容主要是为了掩饰财务舞弊行为，本章基于公司是否进行财务舞弊分组，检验财务舞弊公司和非财务舞弊公司年报文本风险主题内容的差异，结果详见表6-3与图6-2。非财务舞弊公司的风险主题Risk、特质性信息Specific、非特质性信息Non-Specific的均值分别为0.301、0.413与0.236，财务舞弊公司对应变量的均值分别为0.273、0.277和0.253，两者存在显著差异。同时中位数差异检验也得出相近结论。图6-2表明，公司进行财务舞弊时，风险主题Risk与特质性信息Specific呈现下降趋势，而非特质性信息Non-Specific呈现上升趋势。

表6-3　　差异性检验

Panel A：文本形式特征变量的差异性检验

变量	非财务舞弊公司		财务舞弊公司		差异性检验	
	均值	中位数	均值	中位数	均值差异	中位数差异
	(1)	(2)	(3)	(4)	(3) — (1)	(4) — (2)
Risk	0.301	0.255	0.273	0.228	-0.028***	-0.027***
Specific	0.413	0.317	0.277	0.212	-0.136***	-0.105***
Non-Specific	0.236	0.207	0.253	0.229	0.017**	0.022***
N	7867		993		—	—

Panel B：系列控制变量的差异性检验

变量	非财务舞弊公司 N=7867		财务舞弊公司 N=993		差异性检验（标准误）
	均值	标准误	均值	标准误	
Size	22.031	0.014	21.662	0.035	0.041***
Leverage	0.425	0.002	0.548	0.007	0.007***
Roa	0.044	0.001	0.020	0.002	0.002***
Tobin's Q	2.590	0.023	2.427	0.071	0.071**
Age	2.048	0.009	2.338	0.020	0.025***
R&D	7.752	0.092	3.944	0.215	0.271***
Big4	0.019	0.001	0.008	0.003	0.004***
SEO	0.115	0.003	0.109	0.009	0.010
GDP	0.092	0.001	0.103	0.001	0.001***
Length	10.160	0.007	10.228	0.003	0.007***

注：括号内为t值，***、**、*分别表示1%、5%、10%水平下显著（双尾）。

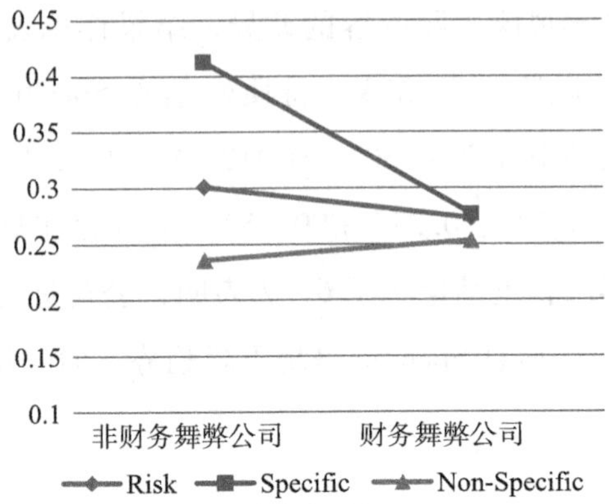

图 6－2　财务舞弊公司与非财务舞弊公司的年报文本信息内容比较

此外，差异性检验显示，公司规模越小、资产负债率越高、净资产收益率越低，进行财务舞弊的可能性更大；研发投入少的公司更加注重短期效应而进行财务舞弊；被四大会计师事务所审计的公司的舞弊可能性更小；财务舞弊公司的年报更长，有更多的说辞。

表 6－4 为变量相关系数表。结果显示：MD&A 文本风险主题 Risk、特质性信息 Specific 与财务舞弊 Fraud 在 1% 水平上显著负相关，非特质性信息 Non－Specific 与财务舞弊 Fraud 在 1% 水平上显著正相关，说明相对于未舞弊的公司，舞弊公司 MD&A 文本的风险主题与特质性信息更少、非特质性信息更多，也即财务舞弊公司系统性地改变了其 MD&A 文本主题内容。

6.4.2　基准回归分析

表 6－5 列示了财务舞弊前后 MD&A 文本主题内容的变化规律。表 6－5 中第（1）列的结果显示：MD&A 文本风险主题 Risk 与财务舞弊 Fraud 在 1% 水平上显著负相关，表明发生财务舞弊后公司 MD&A 文本风险主题显著降低，从而说明财务舞弊公司可能通过减少风险信息主题的披露以避

表 6－4　　变量相关系数表

变量	Risk	Specific	Non－Specific	Fraud	SOE	Size	Leverage	Roa	Tobin's Q	Age	R&D	Big4	SEO	GDP	Length
Risk	1														
Specific	0.266 ***	1													
Non－Specific	0.225 ***	0.242 ***	1												
Fraud	－0.042 ***	－0.134 ***	0.032 ***	1											
SOE	0.053 ***	0.066 ***	0.060 ***	－0.020 **	1										
Size	－0.034 ***	－0.050 ***	0.298 ***	－0.088 ***	0.149 ***	1									
Leverage	0.115 ***	0.258 ***	0.228 ***	0.175 ***	0.102 ***	0.378 ***	1								
Roa	－0.125 ***	－0.154 ***	－0.100 ***	－0.141 ***	－0.024 **	0.022 **	－0.411 ***	1							
Tobin's Q	－0.103 ***	－0.100 ***	－0.226 ***	－0.023 **	－0.174 ***	－0.501 ***	－0.360 ***	0.234 ***	1						
Age	0.110 ***	0.240 ***	0.225 ***	0.113 ***	0.250 ***	0.323 ***	0.426 ***	－0.226 ***	－0.333 ***	1					
R&D	－0.207 ***	－0.364 ***	－0.119 ***	－0.137 ***	－0.150 ***	0.047 ***	－0.235 ***	0.091 ***	0.198 ***	－0.189 ***	1				
Big4	0.014	－0.0140	0.112 ***	－0.027 ***	－0.002	0.233 ***	0.083 ***	－0.015	－0.080 ***	－0.005	－0.082 ***	1			
SEO	－0.015	－0.028 ***	－0.007	－0.006	－0.020 **	0.028 ***	0.039 ***	0.011	0.063 ***	－0.025 ***	0.064 ***	－0.006	1		
GDP	0.192 ***	0.314 ***	0.071 ***	0.145 ***	0.084 ***	－0.159 ***	0.170 ***	－0.067 ***	－0.067 ***	0.072 ***	－0.534 ***	0.061 ***	－0.015	1	
Length	－0.199 ***	－0.334 ***	－0.072 ***	－0.085 ***	－0.036 ***	0.440 ***	0.007	0.083 ***	－0.045 ***	－0.101 ***	0.384 ***	0.130 ***	0.085 ***	－0.371 ***	1

注：括号内为 t 值，***、**、*分别表示 1%、5%、10% 水平下显著（双尾）。

免引起市场关注。表6－5中第（2）列的结果显示：MD&A文本特质性信息Specific与财务舞弊Fraud在1%水平上显著负相关，说明发生财务舞弊后公司MD&A文本特质性信息减少，从而说明公司可能披露更少的特质性信息以避免引起市场关注。表6－5中第（3）列的结果显示：MD&A文本非特质性信息Non－Specific与财务舞弊Fraud在5%水平上显著正相关，说明公司可能披露更多的非特质性信息以混淆投资者的注意力。上述结果表明财务舞弊前后公司MD&A文本主题内容发生了规律性变化，即风险信息更少、特质性信息更少、非特质性信息更多，而MD&A文本主题内容的这种规律性变化可能体现了公司刻意掩饰财务舞弊行为的倾向，从而验证了本章假设。

表6－5　　财务舞弊前后MD&A文本主题内容的变化

变量	Risk	Specific	Non－Specific
	(1)	(2)	(3)
Fraud	－0.027***	－0.049***	0.015**
	(－2.74)	(－3.90)	(2.42)
SOE	0.035**	0.009	0.009
	(2.02)	(0.40)	(0.85)
Size	－0.014**	0.006	0.021***
	(－2.55)	(0.89)	(6.11)
Leverage	－0.010	0.113***	－0.022*
	(－0.47)	(4.11)	(－1.68)
Roa	－0.283***	－0.219***	－0.060**
	(－5.75)	(－3.52)	(－2.00)
Tobin's Q	－0.002	－0.003*	－0.002*
	(－1.03)	(－1.65)	(－1.81)
Age	0.042***	0.166***	0.043***
	(4.25)	(13.30)	(7.27)
R&D	－0.001	－0.001	－0.001**
	(－0.04)	(－1.36)	(－2.04)

续表

变量	Risk	Specific	Non - Specific
	(1)	(2)	(3)
Big4	-0.040**	-0.073***	0.006
	(-2.00)	(-2.87)	(0.53)
SEO	0.004	-0.011	0.002
	(0.63)	(-1.48)	(0.44)
GDP	-0.069	-0.747***	-0.243**
	(-0.37)	(-3.12)	(-2.11)
Length	0.022	-0.036*	-0.024**
	(1.34)	(-1.76)	(-2.38)
Year FE	Yes	Yes	Yes
Firm FE	Yes	Yes	Yes
Constant	0.470***	0.520**	0.052
	(2.86)	(2.49)	(0.52)
Observations	8860	8860	8860
Adj - R^2	0.106	0.254	0.056
F	47.07	135.84	23.47

注：括号内为t值，***、**、*分别表示1%、5%、10%水平下显著（双尾）。

6.4.3　稳健性检验

（1）财务舞弊被查处前后MD&A文本主题内容的规律性变化

为反证上述结论的可靠性，表6-6进一步观察财务舞弊被查处前后MD&A文本主题内容的规律性变化。从发生财务舞弊到财务舞弊被查处，公司具有通过改变MD&A文本进而掩饰其财务舞弊行为的动机。发生财务舞弊时形成掩饰动机，而财务舞弊被查处后掩饰动机消失，因此财务舞弊被查处前后MD&A文本主题内容可能呈现与发生财务舞弊前后相反的变化规律。

表 6－6 财务舞弊被查处前后 MD&A 文本特征的规律性变化

变量	Risk	Specific	Non－Specific
	(1)	(2)	(3)
Investigate	0.038**	0.022*	－0.029**
	(2.26)	(1.86)	(－2.09)
SOE	0.039**	0.036	0.006
	(2.20)	(1.59)	(0.54)
Size	－0.007	0.013*	0.016***
	(－1.16)	(1.77)	(4.33)
Leverage	－0.052**	0.050*	－0.031**
	(－2.25)	(1.71)	(－2.11)
Roa	－0.372***	－0.203***	－0.095***
	(－6.99)	(－3.03)	(－2.82)
Tobin's Q	－0.001	－0.004	－0.002*
	(－0.67)	(－1.61)	(－1.87)
Age	0.042***	0.173***	0.052***
	(4.26)	(13.83)	(8.31)
R&D	0.001	－0.001	－0.001
	(1.18)	(－1.02)	(－1.02)
Big4	－0.040**	－0.072***	0.007
	(－2.07)	(－2.95)	(0.54)
SEO	0.004	－0.010	0.001
	(0.58)	(－1.31)	(0.28)
GDP	－0.092	－0.765***	－0.263**
	(－0.47)	(－3.10)	(－2.13)
Length	0.022	－0.066***	－0.024**
	(1.32)	(－3.17)	(－2.25)
Year FE	Yes	Yes	Yes
Firm FE	Yes	Yes	Yes
Constant	0.320*	0.668***	0.146
	(1.89)	(3.12)	(1.37)
Observations	8860	8860	8860
Adj－R^2	0.098	0.263	0.057
F	40.59	132.85	22.35

注：括号内为 t 值，***、**、* 分别表示 1%、5%、10% 水平下显著（双尾）。

本章按照财务舞弊是否被查处重新对Fraud进行赋值，若公司发生了财务舞弊，被查处及以后年度样本Fraud取值为1，其他年度样本Fraud取值为0；若公司未发生财务舞弊，则所有年度样本Fraud均取值为0。表6－6中第（1）列的结果显示：MD&A文本风险主题Risk与财务舞弊Fraud（查处）在5%水平上显著正相关，说明财务舞弊被查处后公司MD&A文本风险主题显著增加，从而反证财务舞弊公司被查处前减少风险主题信息更可能是为了掩饰舞弊行为。表6－6中第（2）列的结果显示：MD&A文本特质性信息Specific与财务舞弊Fraud（查处）在10%水平上显著正相关，说明财务舞弊被查处后公司MD&A文本特质性信息增加，从而说明公司可能披露更少的特质性信息以避免引起市场关注。表6－6中第（3）列的结果显示：MD&A文本非特质性信息Non－Specific与财务舞弊Fraud（查处）在5%水平上显著负相关，从而说明公司可能披露更少的非特质性信息以混淆投资者的注意力。上述结果表明财务舞弊被查处后，公司MD&A文本主题内容发生了规律性变化，即风险信息更多、特质性信息更多、非特质性信息更少。表6－5反映了产生财务舞弊前后即掩饰动机形成前后的MD&A文本主题内容变化，表6－6反映了财务舞弊被查处前后即掩饰动机消失前后的MD&A文本主题内容变化，而且两者的变化规律完全相反，从而侧面印证了本章主要结论的可靠性。

（2）倾向得分匹配分析

本章采用倾向得分匹配法选择控制组样本，以减少实验组和控制组因公司特征不同对本章结论的影响。匹配变量包括：公司规模Size、资产负债率Leverage、总资产报酬率Roa、企业价值Tobin's Q、上市年限Age、研发投入R&D、是否四大会计师事务所审计Big4、是否增发股票SEO、地区GDP水平、年报文本长度Length，在控制以上变量的基础上进行回归，并计算倾向得分Pscore，再依据倾向得分对样本进行1:1无放回匹配，得到3491对实验组—控制组样本。

图6－3共同支撑检验结果表明：倾向得分匹配前实验组与控制组的Pscore分布有较大差异，倾向得分匹配后实验组与控制组的Pscore分布形态相近，表明倾向得分匹配修正了实验组与控制组样本值的分布偏差，样本匹配符合共同支撑假设。同时，表6－7报告了平衡面板检验结果：在经过倾向得分匹配处理后，实验组变量与控制组变量不存在显著差异，表明样本匹配符合平衡面板假设。表6－8报告了PSM＋DID的回归结果，MD&A文本风险主题Risk与财务舞弊Fraud在5%水平上显著负相关，说明发生财务舞弊后公司MD&A文本风险主题显著降低，MD&A文本特质性信息Specific与财务舞弊Fraud在5%水平上显著负相关，说明发生财务舞弊后公司MD&A文本特质性信息减少，MD&A文本非特质性信息Non－Specific与财务舞弊Fraud在5%水平上显著正相关，进一步验证了本章的假设。

表6－7　　平衡面板检验

变量	样本匹配	均值		偏差（%）	偏差减少	t检验	
		实验组	控制组			t值	p>|t|
SOE	Unmatched	0.405	0.415	－2.1	－174.0	－0.87	0.385
	Matched	0.405	0.433	－5.8		－1.09	0.159
Size	Unmatched	21.54	22.115	－45.1	69.9	7.89	0.000
	Matched	21.54	21.714	－13.6		－0.81	0.259
Leverage	Unmatched	0.529	0.415	50.7	79.3	21.52	0.000
	Matched	0.529	0.506	10.5		3.38	0.001
Roa	Unmatched	0.022	0.047	－42.9	69.6	－19.31	0.000
	Matched	0.022	0.029	－13.0		－4.08	0.000
Tobin's Q	Unmatched	2.502	2.591	－3.8	－200.8	3.92	0.000
	Matched	2.502	2.234	11.5		1.62	0.105
Age	Unmatched	2.275	2.030	31.8	96.0	12.58	0.000
	Matched	2.275	2.265	1.3		0.46	0.647

续表

变量	样本匹配	均值		偏差（%）	偏差减少	t 检验	
		实验组	控制组			t 值	p > | t |
R&D	Unmatched	2. 847	8. 502	-72. 7	93. 8	-27. 52	0. 000
	Matched	2. 847	2. 499	4. 5		1. 81	0. 070
Big4	Unmatched	0. 007	0. 020	-11.	96. 4	-4. 03	0. 000
	Matched	0. 007	0. 008	-0. 4		-0. 17	0. 861
SEO	Unmatched	0. 110	0. 115	-1. 7	-33. 0	-0. 68	0. 496
	Matched	0. 110	0. 117	-2. 2		-0. 72	0. 470
GDP	Unmatched	0. 108	0. 090	75. 5	98. 50	32. 13	0. 000
	Matched	0. 108	0. 108	1. 1		0. 35	0. 723
Length	Unmatched	10. 11	10. 25	-55. 6	95. 20	-23. 01	0. 000
	Matched	10. 11	10. 12	-2. 7		-0. 88	0. 381

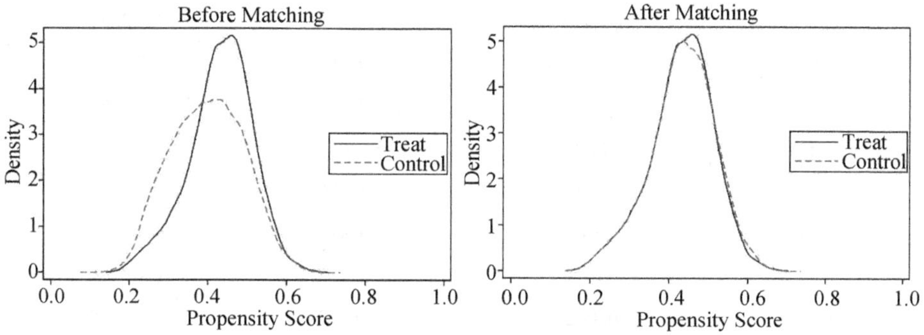

图 6-3 匹配前后 PS 值密度分布

表 6-8 PSM + DID

变量	Risk	Specific	Non-Specific
	(1)	(2)	(3)
Fraud	-0. 025 **	-0. 046 **	0. 016 **
	(-2. 27)	(-2. 41)	(1. 99)
SOE	0. 040	-0. 040	0. 015
	(1. 22)	(-0. 93)	(0. 85)

续表

变量	Risk	Specific	Non - Specific
	(1)	(2)	(3)
Size	-0.031***	-0.016	0.030***
	(-3.22)	(-1.28)	(5.81)
Leverage	0.041	0.191***	-0.003
	(1.08)	(3.90)	(-0.16)
Roa	-0.249***	-0.298***	-0.046
	(-3.35)	(-3.07)	(-1.18)
Tobin's Q	0.001	-0.003	0.001
	(0.22)	(-0.89)	(0.11)
Age	0.033	0.184***	-0.011
	(1.30)	(5.55)	(-0.81)
R&D	-0.002**	-0.003**	-0.001**
	(-2.14)	(-2.39)	(-2.53)
Big4	-0.051	0.065	0.008
	(-0.54)	(0.53)	(0.16)
SEO	0.008	0.006	0.013**
	(0.68)	(0.38)	(2.13)
GDP	0.026	-0.917**	-0.013
	(0.07)	(-2.02)	(-0.07)
Length	0.062**	-0.024	-0.027
	(2.00)	(-0.59)	(-1.64)
Year FE	Yes	Yes	Yes
Firm FE	Yes	Yes	Yes
Constant	0.354*	0.152	0.127
	(1.68)	(0.42)	(0.65)
Observations	6982	6982	6982
Adj - R^2	0.118	0.253	0.052
F	34.06	72.04	15.28

注：括号内为t值，***、**、*分别表示1%、5%、10%水平下显著（双尾）。

（3）安慰剂测试

本章执行安慰剂测试以消除可能存在的内生性问题，将公司财务舞弊发生时间向前平推3年，使用虚拟的财务舞弊年度重复表6-5的回归。表6-9安慰剂测试的结果显示：财务舞弊 Fraud 与三个 MD&A 文本主题内容指标均无显著关系，说明不可观测的公司固有差异导致的缺失变量偏误对本章结论的影响较小，从而验证了本章研究的因果效应。

表6-9　安慰剂测试

变量	Risk	Specific	Non-Specific
	(1)	(2)	(3)
Fraud	0.043	-0.019	0.026
	(0.46)	(-0.68)	(0.68)
SOE	-0.001	-0.001**	0.001
	(-0.35)	(-2.25)	(0.49)
Size	-0.001	0.001*	-0.001
	(-1.35)	(1.82)	(-1.02)
Leverage	0.004***	-0.002***	0.003***
	(3.72)	(-2.95)	(3.89)
Roa	0.001	-0.001	0.002
	(0.46)	(-0.99)	(0.94)
Tobin's Q	0.001	0.001***	-0.001
	(0.15)	(2.67)	(-0.05)
Age	0.004***	-0.000*	0.003***
	(7.49)	(-1.75)	(5.35)
R&D	0.001	-0.001***	-0.001***
	(0.98)	(-4.54)	(-2.72)
Big4	-0.004***	-0.000	0.001
	(-3.41)	(-0.68)	(0.53)
SEO	0.001***	-0.000**	0.000
	(3.13)	(-2.20)	(0.82)

续表

变量	Risk	Specific	Non - Specific
	(1)	(2)	(3)
GDP	0.028***	0.005**	0.004
	(2.86)	(2.25)	(0.48)
Length	-0.006***	0.001***	-0.005***
	(-7.76)	(3.42)	(-6.31)
Year FE	Yes	Yes	Yes
Firm FE	Yes	Yes	Yes
Constant	0.092***	-0.005***	0.076***
	(11.27)	(-2.59)	(9.99)
Observations	8860	8860	8860
Adj - R^2	0.041	0.141	0.326
F	11.84	19.91	13.4

注：括号内为 t 值，***、**、*分别表示 1%、5%、10% 水平下显著（双尾）。

6.4.4 基于管理者自利视角的分析

（1）年报文本信息主题内容披露策略的管理者自利行为检验

管理者出于自利动机会通过年报主题内容掩饰公司财务舞弊行为，那么公司的策略性披露行为是否能为管理层产生直接“收益”，是一个亟待验证的问题。鉴于管理层薪酬是公司的策略性披露行为的直接动因，同时管理层操纵文本主题内容可能达到攫取超额薪酬的目的，因此本章设计模型（6-2）检验公司策略性披露年报文本主题内容对管理层超额薪酬的影响。

$$Abmanacomp_{i,t} = \gamma_0 + \gamma_1 Fraud_{i,t} + \gamma_2 Controls_{i,t} + \gamma_3 \Sigma Firm + \gamma_4 \Sigma Year + \varepsilon_{i,t} \quad (6-2)$$

Abmanacomp 表示高管超额薪酬，本章参考 Core 等（1999）与王克敏等（2018）的研究，采用实际薪酬的自然对数与正常薪酬的自然对数之差衡量超额薪酬。首先，借鉴刘慧龙等（2010）的研究，设立薪酬决定模型（6－3），其中，Manacomp 为前三名高管薪酬平均数的对数，Roa 为总资产收益率，SOE 为反映企业产权性质的哑变量，若产权性质为国有企业时取值为1，否则取值为0；Dual 为两职合一哑变量，当总经理与董事长两职合一时取值为1，否则取值为0；ManaHold 为管理层持股比例，以年末管理层持股数量占公司总股本比率衡量；Leverage 为资产负债率，用负债总额与总资产总额比值衡量；Board 为董事会规模，以董事会人数自然对数衡量；Size 为公司规模，以总资产的自然对数衡量。其次，分年度、分行业（每年每行业至少十个观测值）回归确定估计模型（6－3）的回归系数，然后根据每个公司每年度控制变量的实际数值及其估计系数计算其正常薪酬。最后，用实际薪酬的自然对数减去正常薪酬的自然对数衡量超额薪酬 Abmanacomp。

$$Manacomp_{i,t} = \alpha_0 + \alpha_1 Roa_{i,t} + \alpha_2 Roa_{i,t-1} + \alpha_3 SOE_{i,t} + \alpha_4 Dual_{i,t} + \alpha_5 ManaHold_{i,t} + \alpha_6 Leverage_{i,t} + \alpha_7 Board_{i,t} + \alpha_8 Size_{i,t} + \varepsilon_{i,t} \quad (6-3)$$

表6－10的回归结果显示，当公司存在利用文本主题内容掩饰财务舞弊的动机时，年报文本风险主题 Risk、特质性信息 Specific、非特质性信息 Non－Specific 的系数分别为0.091、0.102和0.078，T值分别为3.26、3.58和2.27，均在5%及以上水平显著为正。研究结果显示，公司具有利用年报文本主题内容掩饰财务舞弊的动机时，与管理层超额薪酬显著正相关，表明管理层可能策略性地披露年报文本主题内容实现其自利动机。

（2）管理层权力的影响

管理层权力决定其利用文本主题内容掩饰财务舞弊的能力，管理层权力较大反映出作为股东代理人的管理层具有公司内部较大范围的资源配置权，在公司经营中具有较强的话语权。参照吕长江和赵宇恒（2008）

表 6-10　　年报文本信息主题内容与管理者超额薪酬

变量	Abmanacomp					
	Risk 操纵动机		Specific 操纵动机		Non - Specific 操纵动机	
	Risk 大于中位数	Risk 小于中位数	Specific 大于中位数	Specific 小于中位数	Non - Specific 大于中位数	Non - Specific 小于中位数
	(1)	(2)	(3)	(4)	(5)	(6)
Fraud	0.057	0.091***	0.045	0.102***	0.078**	0.063
	(1.48)	(3.26)	(1.22)	(3.58)	(2.27)	(1.62)
SOE	0.006	0.023	0.032	0.009	0.036	-0.001
	(0.11)	(0.53)	(0.56)	(0.20)	(0.82)	(-0.01)
Size	-0.062**	-0.065***	-0.059**	-0.066***	-0.066***	-0.070**
	(-2.08)	(-4.25)	(-2.03)	(-4.23)	(-4.26)	(-2.20)
Leverage	0.205**	0.272***	0.239**	0.265***	0.291***	0.186**
	(1.97)	(4.54)	(2.26)	(4.34)	(4.65)	(2.03)
Roa	-0.764***	-0.542***	-0.738***	-0.533***	-0.673***	-0.585***
	(-3.91)	(-3.61)	(-3.77)	(-3.49)	(-5.09)	(-2.83)
Tobin's Q	0.008	-0.007	0.009	-0.008**	0.007	-0.010
	(1.27)	(-1.62)	(1.37)	(-1.99)	(1.43)	(-1.50)
Age	-0.043	-0.017	-0.056	-0.016	-0.052*	-0.023
	(-1.10)	(-0.71)	(-1.43)	(-0.67)	(-1.94)	(-0.67)
R&D	-0.001	0.000	-0.000	0.000	-0.000	0.000
	(-0.33)	(0.18)	(-0.08)	(0.29)	(-0.06)	(0.07)
Big4	-0.017	0.004	-0.016	0.003	-0.004	-0.013
	(-0.33)	(0.08)	(-0.31)	(0.06)	(-0.08)	(-0.22)
SEO	-0.009	-0.009	-0.004	-0.013	-0.007	-0.014
	(-0.56)	(-0.59)	(-0.26)	(-0.85)	(-0.43)	(-0.81)
GDP	-0.247	-1.272**	-0.149	-1.173**	-0.335	-0.819
	(-0.34)	(-2.45)	(-0.21)	(-2.21)	(-0.70)	(-1.14)
Length	-0.003	0.071*	-0.003	0.076*	0.002	0.097*
	(-0.05)	(1.73)	(-0.05)	(1.83)	(0.05)	(1.77)
Year FE	Yes	Yes	Yes	Yes	Yes	Yes
Firm FE	Yes	Yes	Yes	Yes	Yes	Yes

续表

变量	Abmanacomp					
	Risk 操纵动机		Specific 操纵动机		Non - Specific 操纵动机	
	Risk 大于中位数	Risk 小于中位数	Specific 大于中位数	Specific 小于中位数	Non - Specific 大于中位数	Non - Specific 小于中位数
	(1)	(2)	(3)	(4)	(5)	(6)
Constant	1.394 *	0.793 *	1.311 *	0.750 *	1.404 ***	0.653
	(1.95)	(1.87)	(1.87)	(1.74)	(3.19)	(0.87)
Observations	8860	8860	8860	8860	8860	8860
Adj - R^2	0.025	0.028	0.025	0.030	0.027	0.026
F	1.92	4.37	2.10	4.52	5.01	1.50

注：括号内为 t 值，***、**、* 分别表示 1%、5%、10% 水平下显著（双尾）。

的研究，用管理层持股比例度量高管权力，以管理层持股比例的行业中位数为基准，将样本分成管理层权力较大（大于行业中位数）组和管理层权力较小（小于行业中位数）组。表 6 - 11 的回归结果表明，风险主题内容变量与财务舞弊的相关关系仅在高管权力较大的企业存在，说明权力较大的管理层更可能利用文本主题内容操纵掩饰财务舞弊行为。

表 6 - 11　　管理层权力的影响

变量	Risk		Specific		Non - Specific	
	高管权力较大	高管权力较小	高管权力较大	高管权力较小	高管权力较大	高管权力较小
	(1)	(2)	(3)	(4)	(5)	(6)
Fraud	-0.032 **	-0.016	-0.078 ***	-0.010	0.020 **	0.015
	(-2.24)	(-1.59)	(-4.06)	(-1.10)	(2.27)	(1.55)
SOE	0.031	0.043 *	0.016	-0.043	0.027	-0.005
	(1.04)	(1.81)	(0.56)	(-1.06)	(1.45)	(-0.39)
Size	0.007	-0.028 ***	-0.025 **	0.044 ***	0.017 ***	0.015 **
	(0.88)	(-2.85)	(-2.06)	(4.39)	(3.78)	(2.57)

续表

变量	Risk		Specific		Non - Specific	
	高管权力较大	高管权力较小	高管权力较大	高管权力较小	高管权力较大	高管权力较小
	(1)	(2)	(3)	(4)	(5)	(6)
Leverage	0.021	-0.027	0.048	0.174***	-0.023	-0.014
	(0.75)	(-0.72)	(1.04)	(4.66)	(-1.38)	(-0.61)
Roa	-0.228***	-0.365***	-0.065	-0.228***	-0.075**	0.026
	(-3.88)	(-3.76)	(-0.55)	(-2.92)	(-2.10)	(0.44)
Tobin's Q	0.001	-0.011***	-0.007	-0.005*	-0.002	-0.003
	(0.77)	(-2.81)	(-1.45)	(-1.86)	(-1.57)	(-1.16)
Age	0.050***	0.035**	0.144***	0.163***	0.054***	0.024**
	(3.83)	(2.11)	(7.08)	(9.35)	(6.85)	(2.40)
R&D	-0.001*	0.000	-0.001*	-0.001	-0.002***	0.001
	(-1.76)	(0.57)	(-1.83)	(-0.91)	(-4.26)	(1.48)
Big4	-0.061	-0.032	-0.059**	-0.157***	-0.031	-0.000
	(-1.33)	(-1.33)	(-1.99)	(-2.60)	(-1.13)	(-0.03)
SEO	-0.005	0.014	0.008	-0.019*	0.004	-0.001
	(-0.55)	(1.50)	(0.69)	(-1.76)	(0.86)	(-0.19)
GDP	-0.311	0.145	-1.043***	-0.372	-0.230	-0.148
	(-1.17)	(0.50)	(-2.96)	(-1.05)	(-1.43)	(-0.86)
Length	-0.039*	0.071***	-0.029	-0.077**	-0.019	-0.030**
	(-1.65)	(2.97)	(-0.99)	(-2.47)	(-1.30)	(-2.06)
Year FE	Yes	Yes	Yes	Yes	Yes	Yes
Firm FE	Yes	Yes	Yes	Yes	Yes	Yes
Constant	0.624***	0.303	1.192***	0.134	0.031	0.274*
	(2.64)	(1.15)	(3.70)	(0.43)	(0.22)	(1.73)
Observations	4439	4421	4439	4421	4439	4421
Adj - R^2	0.090	0.122	0.255	0.258	0.085	0.046
F	17.95	10.73	65.70	23.21	16.98	9.37

注：括号内为t值，***、**、*分别表示1%、5%、10%水平下显著（双尾）。

6.4.5 拓展性分析

（1）数字信息操纵的影响

在现有研究中，年报文本数字信息操纵可以作为年报文本信息披露策略的重要内容，鉴于年报文本数字信息操纵与文本信息操纵可能并非独立存在，相互交织，都可作为操纵市场预期的手段，同时年报文本信息操纵还可能受到年报数字信息操纵的影响，管理层有动机将年报文本信息披露策略作为年报数字信息操纵的替代。当公司盈余管理可能性较小时，管理层更有动机与能力操纵文本语气（Huang et al.，2014）。年报主题内容的文本操纵可能替代年报数字信息操纵，即当公司盈余管理可能性较小时，管理层会加大年报文本信息主题内容的策略性披露。参照王克敏等（2018）的研究，采用公司的经营资产比例衡量盈余管理空间，经营资产比例为 t－1 期经营资产占 t－2 期总资产的比例。表 6－12 的回归结果表明，风险主题内容变量与财务舞弊的相关关系仅在盈余管理空间小的企业存在，说明当公司盈余管理的可能性较小时，文本主题内容操纵对数字信息操纵具有替代作用。

表 6－12 数字信息操纵的影响

变量	Risk		Specific		Non－Specific	
	盈余管理空间大	盈余管理空间小	盈余管理空间大	盈余管理空间小	盈余管理空间大	盈余管理空间小
	(1)	(2)	(3)	(4)	(5)	(6)
Fraud	－0.013	－0.034*	－0.012	－0.059***	0.005	0.022***
	(－0.88)	(－1.95)	(－1.21)	(－2.63)	(0.43)	(2.70)
SOE	0.015	0.075***	0.003	－0.002	0.012	－0.002
	(0.55)	(2.94)	(0.11)	(－0.05)	(0.72)	(－0.11)

续表

变量	Risk		Specific		Non - Specific	
	盈余管理空间大	盈余管理空间小	盈余管理空间大	盈余管理空间小	盈余管理空间大	盈余管理空间小
	(1)	(2)	(3)	(4)	(5)	(6)
Size	-0.016**	-0.008	0.004	0.022*	0.023***	0.020***
	(-2.09)	(-0.79)	(0.58)	(1.77)	(3.61)	(4.49)
Leverage	-0.018	-0.000	0.114***	0.047	-0.006	-0.064***
	(-0.56)	(-0.01)	(3.96)	(0.98)	(-0.24)	(-3.50)
Roa	-0.280***	-0.275***	-0.195***	-0.022	0.007	-0.107***
	(-4.23)	(-2.76)	(-3.01)	(-0.17)	(0.12)	(-2.81)
Tobin's Q	-0.000	-0.003	-0.004*	-0.007**	-0.004**	-0.000
	(-0.17)	(-1.32)	(-1.78)	(-2.04)	(-2.57)	(-0.29)
Age	0.044***	0.055***	0.169***	0.218***	0.043***	0.061***
	(2.87)	(3.36)	(12.98)	(10.41)	(4.06)	(6.89)
R&D	-0.000	-0.000	-0.001	-0.002**	-0.000	-0.001
	(-0.46)	(-0.11)	(-1.28)	(-2.17)	(-1.05)	(-1.50)
Big4	-0.037	-0.038	-0.061**	-0.058*	-0.025	0.038*
	(-1.07)	(-1.47)	(-2.23)	(-1.74)	(-1.49)	(1.94)
SEO	-0.001	0.006	-0.011	0.004	0.006	0.001
	(-0.05)	(0.67)	(-1.30)	(0.38)	(1.04)	(0.04)
GDP	-0.226	-0.042	-0.768***	-0.298	-0.540***	-0.315*
	(-0.80)	(-0.14)	(-3.07)	(-0.79)	(-2.84)	(-1.93)
Length	0.031	0.009	-0.039*	-0.061*	-0.005	-0.037***
	(1.25)	(0.35)	(-1.81)	(-1.88)	(-0.31)	(-2.60)
Year FE	Yes	Yes	Yes	Yes	Yes	Yes
Firm FE	Yes	Yes	Yes	Yes	Yes	Yes
Constant	0.448*	0.335	0.589***	0.257	-0.189	0.181
	(1.82)	(1.26)	(2.71)	(0.75)	(-1.09)	(1.28)
Observations	4438	4422	4438	4422	4438	4422
Adj - R^2	0.122	0.072	0.101	0.266	0.048	0.064
F	25.72	12.39	24.1	57.74	8.101	12.65

注：括号内为 t 值，***、**、* 分别表示 1%、5%、10% 水平下显著（双尾）。

（2）公司内部治理与外部治理的影响

公司治理状况会影响采用年报文本主题内容掩饰财务舞弊的收益和成本，而董事会治理作为公司重要的内部治理机制，如果公司的总经理与董事长两职无法分离，此时董事会对管理层的监督被削弱，公司治理状况越差，代理成本更高（Jensen and Meckling，1976），因此管理层更有动机与能力操纵文本主题内容以满足自利动机；公司所在地区的法制化水平越低，管理者越倾向于进行财务舞弊（Skinner，1994），即法律风险会约束管理者对年报文本主题内容的操纵行为。因此两职合一及法律风险较低时，管理者对年报文本主题内容的操纵更强。表6－13的回归结果表明，风险主题内容变量与财务舞弊的相关关系仅在两职合一的企业存在；表6－14的回归结果表明，风险主题内容变量与财务舞弊的相关关系仅在地区法制水平较差的企业存在，说明公司内、外部治理环境较差时更可能利用文本主题内容操纵掩饰财务舞弊行为。

表6－13　　　　公司内部治理的影响

变量	Risk		Specific		Non－Specific	
	两职合一	两职未合一	两职合一	两职未合一	两职合一	两职未合一
	(1)	(2)	(3)	(4)	(5)	(6)
Fraud	－0.053*	－0.014	－0.044***	－0.078	0.017***	0.003
	(－1.77)	(－1.33)	(－3.24)	(－1.21)	(2.68)	(0.09)
SOE	0.065	0.028	0.004	0.084	0.013	－0.067
	(0.74)	(1.51)	(0.16)	(0.73)	(1.18)	(－1.25)
Size	－0.060***	－0.010	0.007	－0.012	0.025***	0.009
	(－2.74)	(－1.61)	(0.87)	(－0.43)	(6.45)	(0.69)
Leverage	0.108	－0.020	0.104***	0.066	－0.023	0.048
	(1.14)	(－0.82)	(3.43)	(0.53)	(－1.62)	(0.83)
Roa	－0.361	－0.287***	－0.213***	－0.651*	－0.050	0.059
	(－1.40)	(－5.39)	(－3.17)	(－1.93)	(－1.58)	(0.37)
Tobin's Q	－0.000	－0.001	－0.003	－0.013	－0.001	－0.007*
	(－0.07)	(－0.64)	(－1.14)	(－1.51)	(－0.53)	(－1.74)

续表

变量	Risk		Specific		Non - Specific	
	两职合一	两职未合一	两职合一	两职未合一	两职合一	两职未合一
	(1)	(2)	(3)	(4)	(5)	(6)
Age	0.059	0.043 ***	0.167 ***	0.142 *	0.045 ***	0.057
	(0.95)	(4.06)	(12.59)	(1.77)	(7.17)	(1.51)
R&D	-0.001	0.000	-0.000	-0.005 *	-0.001 **	0.000
	(-0.34)	(0.33)	(-0.30)	(-1.92)	(-2.10)	(0.28)
Big4	0.037	-0.042 *	-0.074 ***	0.063	0.004	0.119 *
	(0.36)	(-1.96)	(-2.98)	(0.47)	(0.30)	(1.88)
SEO	-0.205 ***	-0.133 ***	-0.135 ***	0.080	-0.084 ***	-0.097 ***
	(-3.63)	(-13.12)	(-10.60)	(1.08)	(-13.89)	(-2.78)
GDP	0.198	-0.110	-0.996 ***	3.358 **	-0.283 **	0.196
	(0.20)	(-0.54)	(-3.90)	(2.56)	(-2.33)	(0.32)
Length	0.134 *	0.016	-0.030	-0.074	-0.023 **	-0.027
	(1.72)	(0.91)	(-1.34)	(-0.74)	(-2.20)	(-0.57)
Year FE	Yes	Yes	Yes	Yes	Yes	Yes
Firm FE	Yes	Yes	Yes	Yes	Yes	Yes
Constant	0.237	0.449 **	0.478 **	0.774	-0.037	0.267
	(0.33)	(2.44)	(2.05)	(0.83)	(-0.34)	(0.60)
Observations	2303	6557	2303	6557	2303	6557
Adj - R^2	0.179	0.103	0.264	0.206	0.058	0.101
F	13.52	8.31	128.96	4.178	22.30	1.812

注：括号内为 t 值，***、**、* 分别表示 1%、5%、10% 水平下显著（双尾）。

表 6-14　　　　　公司外部治理的影响

变量	Risk		Specific		Non - Specific	
	地区法制环境好	地区法制环境差	地区法制环境好	地区法制环境差	地区法制环境好	地区法制环境差
	(1)	(2)	(3)	(4)	(5)	(6)
Fraud	-0.014	-0.062 ***	-0.027	-0.045 **	-0.003	0.024 ***
	(-1.02)	(-3.91)	(-1.50)	(-2.56)	(-0.31)	(2.94)
SOE	0.010	0.045 *	-0.028	0.027	0.020	0.015
	(0.40)	(1.74)	(-0.84)	(0.90)	(1.21)	(1.06)

续表

变量	Risk		Specific		Non - Specific	
	地区法制环境好	地区法制环境差	地区法制环境好	地区法制环境差	地区法制环境好	地区法制环境差
	(1)	(2)	(3)	(4)	(5)	(6)
Size	-0.015 *	-0.011	0.023 **	0.001	-0.001	0.035 ***
	(-1.85)	(-1.27)	(2.07)	(0.01)	(-0.16)	(7.55)
Leverage	-0.048	0.016	0.011	0.172 ***	0.033	-0.059 ***
	(-1.47)	(0.51)	(0.27)	(4.22)	(1.64)	(-3.10)
Roa	-0.282 ***	-0.372 ***	-0.306 ***	-0.168 **	-0.141 ***	-0.019
	(-4.16)	(-4.88)	(-3.16)	(-1.99)	(-2.93)	(-0.48)
Tobin's Q	-0.000	-0.003	-0.003	-0.007 **	-0.002	-0.001
	(-0.17)	(-1.41)	(-1.09)	(-2.14)	(-1.43)	(-0.70)
Age	0.027	0.057 ***	0.209 ***	0.127 ***	0.054 ***	0.029 ***
	(1.52)	(4.41)	(12.77)	(5.83)	(6.62)	(2.83)
R&D	-0.002 **	0.002 ***	0.001	-0.002 **	0.000	-0.001 ***
	(-2.35)	(3.29)	(0.95)	(-2.08)	(0.03)	(-3.19)
Big4	-0.096 **	0.033	-0.065 **	-0.012	-0.002	0.062 ***
	(-2.57)	(1.33)	(-2.09)	(-0.26)	(-0.16)	(2.89)
SEO	0.009	-0.001	-0.009	-0.001	-0.000	0.003
	(0.90)	(-0.16)	(-0.96)	(-0.06)	(-0.05)	(0.47)
GDP	0.138	-0.074	-1.731 ***	-0.173	-0.012	0.099
	(0.51)	(-0.17)	(-3.15)	(-0.51)	(-0.04)	(0.63)
Length	0.039	-0.011	-0.029	-0.055 *	0.002	-0.020
	(1.51)	(-0.51)	(-1.06)	(-1.71)	(0.12)	(-1.32)
Year FE	Yes	Yes	Yes	Yes	Yes	Yes
Firm FE	Yes	Yes	Yes	Yes	Yes	Yes
Constant	0.324	0.716 ***	0.248	0.775 **	0.157	-0.285 *
	(1.24)	(3.11)	(0.84)	(2.39)	(1.08)	(-1.90)
Observations	4626	4234	4626	4234	4626	4234
Adj - R^2	0.100	0.101	0.226	0.292	0.058	0.073
F	20.22	21.64	23.18	79.43	11.82	14.29

注：括号内为 t 值，***、**、* 分别表示 1%、5%、10% 水平下显著（双尾）。

6.5 本章小结

本章验证了管理层是否出于自利动机进行年报文本主题内容的文本操纵，研究发现：

第一，公司进行财务舞弊时，公司会策略性利用年报风险主题内容进行文本操纵，具体表现为：年报文本风险主题内容显著减少、特质性信息显著减少、非特质性信息显著增加。公司更可能进行财务舞弊并利用 MD&A 文本操纵加以精心掩饰，因此也说明财务舞弊前后 MD&A 文本主题内容的规律性变化是公司利用 MD&A 文本操纵精心掩饰财务舞弊的策略行为。

第二，公司策略性利用年报风险主题内容进行文本操纵的行为在盈余管理空间小、两职合一和法制化水平差的公司中更为显著，公司内部与外部治理状况均显著影响公司利用文本主题内容掩饰财务舞弊行为。此外，文本主题内容操纵对数字信息操纵具有替代作用；公司通过利用 MD&A 文本操纵精心掩饰财务舞弊的策略行为，管理者能够获取更高超额薪酬。

本章研究的意义在于：第一，验证了公司利用 MD&A 文本操纵精心掩饰其财务舞弊的策略行为。基于中文年报文本分析，有效验证上市公司的文本信息披露策略，验证了数字信息和文本信息操纵手段间的替代效应，拓展了机会主义披露研究。第二，提供了一种理解非财务信息文本及其价值实现逻辑的思路，即公司通过文本操纵增加信息使用者对非财务信息的理解从而达到掩饰财务舞弊的目的，因此监管者可以依据公司 MD&A 文本特征变化规律并结合舞弊形成要素对财务舞弊进行查处。

本章研究的不足在于：本章使用 Python 软件获取“风险”或“不确

定性”等关键词，采用与“风险”或“不确定性”相关的关键词出现的频率衡量公司的信息披露状况，鉴于行文语气、句式、语法与英文文本迥异，难度远高于英文文本分析。此外，即使中文文本中无“风险”或“不确定性”等词汇出现，也能在文中传递风险相关的语义；即使在行文论述中未出现“不”字，也能在文中的语义中传达否定意见。以上情况造成本章在文本分析与实证检验时具有一定的局限性。

第7章　市场识别：公司利用年报文本信息掩饰财务舞弊

7.1　问题的提出

信息披露策略行为之所以普遍存在是因为市场并非完全有效，进而使信息披露策略行为不能完全识别。公司可以凭借信息披露策略获取短期披露收益，但市场又并非完全无效，可以及时部分识别或延期完全识别信息披露策略并给予公司一定的处罚。比如股票增发进程中的盈余管理行为及其信息披露策略行为，有助于提高公司增发股票的成功率（Healy and Palepu，2001），但公司信息披露策略行为会导致股票增发后公司业绩表现不佳，市场对公司未来业绩下降的预期会增加股票增发折价率（Kothari et al.，2016）。市场识别部分抵消了信息披露策略的净收益，公司采取信息披露策略行为需要权衡披露收益与当期披露成本以及未来期策略被识别后形成的损失的大小。因此，市场能识别公司利用年报文本信息掩饰财务舞弊的行为亟待检验。

本章后续安排如下，第二节阐述理论分析并提出研究假设；第三节进行研究设计，包括样本选择、模型设计与变量定义；第四节进行实证分析，包括主要变量的描述性统计、针对所提三个假设进行检验，并探究市场是否能识别公司利用文本操纵掩饰财务舞弊的行为；最后得出本章的结论。

7.2　理论分析与研究假设

7.2.1　年报文本操纵掩饰公司财务舞弊的短期市场反应

国外学者对财务舞弊查处的市场反应相关研究起源较早，随着时间的推移，理论与研究方法不断深化与革新，相关研究日趋成熟与完善。现有关于财务舞弊查处后市场反应研究主要聚焦投资者的视角，探究公司财务舞弊行为被曝光后在资本市场的反应。不同研究者采用不同的研究方法却得出相近的结论，公司在财务舞弊后被查处，资本市场呈现负面影响，股价迅速下跌，市场反应也因查处程度不同而呈现不同的变化。具体而言，Foster（1979）发现公司的虚假财务信息一旦被察觉，在财务舞弊被查处的当天，公司的股价及时作出反应，股价随即下跌8%左右。财务舞弊发生后，会对公司未来几年的股票收益率与销售增长率造成负面影响。舞弊次数会对市场反应造成显著的负向影响，而舞弊的严重程度与市场反应却不相关。Marciukaityte等（2006）发现公司查处公告发布的前一日，股价已呈现显著负面影响。Esther等（2009）发现投资者对因财务舞弊行为被查处公司的市场反应剧烈，且对公司虚假陈述行为的市场反应尤为剧烈。

国内学者对财务舞弊查处的市场反应相关研究起步较晚，滞后于国外，相关研究内容与研究方法也是借鉴引用国外研究。具体而言，杨忠莲和谢香兵（2008）发现公司进行财务舞弊行为后，公司股价呈现大幅度下跌趋势，公司财务舞弊行为不仅破坏了市场秩序，还给外部投资者产生不可估量的损失，同时还提升了审计师面临的审计风险，给整个市场带来严重的不良后果。财务舞弊被公告查处前后三个交易日内股价均呈现负向反应。而财务舞弊年限越长，股价波动越大。吴溪和张俊生（2014）发现财务舞弊被立案后，股票超额收益率显著降低，同时查处公告发布后引发的市场反应更为剧烈。此外，公司盈余管理的程度与市场反应具有相关关系，外部投资者在决策时需要参考公司财务舞弊之前的会计信息质量。

黄政和吴国萍（2013）发现公司财务舞弊被查处后，会引起市场负面反应，股价持续下跌，民营公司的反应尤为剧烈，会对投资者造成不可忽视的损失。刘运国等（2017）采用事件研究法计算超额收益率，发现资本市场对公司财务舞弊行为的反应具有时滞性，而对于预测性较强的信息的市场反应更加准确。市场对于被多次处罚的公司的负面反应尤为强烈，要求公司优化公司治理，强化内部控制，确保会计信息符合法律法规。因此，监管机构应该与证券交易所充分合作，健全资本市场交易的预警系统，使用分级查处方式强化查处力度。

公司进行财务舞弊时，会策略性地利用年报披露形式特征与主题内容文本操纵精心掩饰其舞弊行为。短期内，公司在进行财务舞弊时会采用一切手段精心掩饰，包括策略性地利用年报披露形式特征与主题内容。在大数据时代背景下，财务舞弊行为更加隐蔽，舞弊者有更高明的手段操纵财务指标，非财务信息文本被操纵用于迷惑或误导信息使用者的现象普遍存在，非财务信息因不存在固定披露格式而且容易被管理层操纵（Li，2006），通过对年报尤其是 MD&A 部分的文本操纵配合公司的负面信息隐藏行为，迷惑了信息使用者，有可能让市场根本毫无察觉，股价可能对文本掩饰财务舞弊的行为不产生任何反应，即短窗口期的累计超额收益率可能与财务舞弊以及文本操纵无关。

假设 7－1：公司利用非财务信息文本操纵精心掩饰财务舞弊，短窗口无市场反应。

7.2.2　年报文本操纵掩饰公司财务舞弊的信息漂移现象

Ball 和 Brown（1968）发现公司在发布盈余公告后，公司股价将在一段时期内朝着盈余变动方向产生持续性的漂移现象。具体而言，如果公司发布的盈余比上期盈余高，在盈余公告发布后，股价将会在一段时期内持续升高；如果公司发布的盈余比上期盈余低，则在盈余公告发布后，股价将会在一段时期内持续性下降。这一现象被称为“盈余公告后漂移现象”（Post Earning Announcement Drift，PEAD）。

依据有效市场理论，股价面对市场中的新信息会及时调整，不会对同一信息产生持续性反应。在上市公司发布盈余公告后，本期盈余与上期盈余之间的差额会产生新的市场信息，股价会及时做出反应。但是，Fama（1970）认为存在违背有效市场理论的金融异象，这一异象难以解释。具体而言，当公司面临未预料到的信息冲击时，外部投资者会持续性持有盈余高的股票，使盈余升高的股价持续性升高；外部投资者会持续卖出盈余低的股票，盈余下降的股价持续性下降，此时在盈余公告后的组合会得到显著的超额收益。这一现象表明外部投资者对发布盈余公告带来的信息冲击反应不足，无法对盈余公告作出及时有效反应，在盈余公告后一段时期内在资本市场交易中将盈余公告产生的信息稀释到股价中，这一现象与有效市场理论不符。

于李胜和王艳艳（2006）发现鉴于外部投资者有限的精力，随着发布年报公司数量的增多，外部投资者对盈余公告的反应变弱。杨德明等（2007）发现鉴于市场不能正确预计未预期盈余，股价无法及时准确地对盈余公告作出反应，未预期盈余在短窗口呈现正向作用，而在长窗口未预期盈余不存在显著影响。权小锋和吴世农（2010）发现投资者关注度的增强会使市场信息合理地融入股价中，增强股价的反应程度，外部投资者关注度会提升短窗口的市场反应、减弱长窗口的市场反应。当投资者外部关注不足时，市场对信息的解读效率减弱，具有时滞性；当投资者关注程度提升时，市场对信息的解读效率增强，时滞性较弱。此外，鉴于投资者周末有足够的时间精力关注资本市场，外部投资者对公司周末发布的盈余公告较工作日发布的盈余公告的反应要明显。

上市公司行为具有相当的灵活性，加之相关资本市场的法规与执法力度的缺陷，又由于公司财务舞弊信息属于非完全信息，各类虚假信息、噪声等错综复杂、相互交织。随着时间的推移，公司精心掩饰财务舞弊的行为开始露出破绽，市场参与者开始产生质疑并慢慢接近、理解事实的真相，即市场对公司可能存在30天或60天或90天的信息漂移现象。投资者对信息的理解是产生信息漂移现象的原因之一（Maines and Hand，1996；于李胜与王艳艳，2006），信息的生产、传递以及识别等各个环节均需要较多的资源投入，公司利用文本操纵掩饰财务舞弊的行为增加了投资者对信息的理解难度，从而加剧了信息漂移现象①。

假设7-2：公司利用非财务信息文本操纵精心掩饰财务舞弊，加剧了信息漂移现象。

7.2.3 年报文本操纵掩饰公司财务舞弊的股价崩盘风险

作为股票市场的一种极端现象，股价崩盘一方面瞬间蒸发投资者数以万计财富，时刻牵动投资者脆弱的神经，严重打击了投资者热情；另一方面持续扰乱市场正常秩序，显著降低资源配置效率，极大冲击了资本市场的健康稳定发展，已然成为金融领域研究的热点话题。

① 盈余公告后漂移现象（PEAD）是指盈余公告后，未预期盈余UE为正或负，则存在正或负的超常收益，股票价格将持续向上或向下漂移，也即股价需要经过一段时间调整才能反映盈余信息。

Fama（1970）提出有效市场假说奠定了现代资本市场理论的核心，其主要观点在于股票价格能够包含充分的信息。但该理论是完美条件下的标准理论，无法解释股价暴涨暴跌这类“异象”。而在有效市场假说基础上发展与完善的分形市场假说则认为市场上存在不同时间长度的投资者，他们所拥有的信息集不一样，一种时间长度投资者的恐慌会被另一种时间长度的投资者化解，因而可以确保市场稳定。但分形结构具有自相似性，市场有时存在相似的结构，如果突然受到公司负面消息的冲击，不同时间长度的投资者集中抛售，引发股价崩盘。因此，分形市场假说既解释了市场稳定性，又诠释了股价崩盘现象。

公司层面股价崩盘风险是某只个股收益出现极端负值的概率。Chen等（2001）较早地研究了公司层面的股价崩盘风险，指出管理层倾向于披露利好消息，隐瞒负面消息是股价崩盘风险的主要成因，并创造性地提出了股价崩盘风险的衡量指标，成为探究公司层面股价崩盘风险的起源，只是对股价崩盘的形成机理并未给出系统的理论解释。

Jin和Myers（2006）基于委托代理理论，系统阐述了公司层面股价暴跌的形成机理，并提出了“坏消息窖藏理论”。Jin和Myers（2006）指出，管理层基于薪酬、声誉、晋升等动机刻意隐瞒公司负面消息，而外部投资者并不完全熟悉公司内部真实情况，因此这种隐瞒在短期内是可以实现的。但是当负面消息累积到一个临界点，外界条件不允许管理层继续隐瞒负面消息，或者持续隐藏的成本大于因此带来的收益时，坏消息将会集中爆发，瞬间释放出来，导致股价崩盘。近年来，我国资本市场上市公司屡屡出现股价“闪崩”现象也印证了该理论。可见，代理冲突与信息不对称是股价崩盘风险的主要成因。

“坏消息窖藏理论”的提出，奠定了公司层面股价崩盘风险研究的理论基础。此后，在委托代理理论与信息不对称理论的框架下，学者们从管理层特征、公司内外部因素等方面展开了一系列的研究。

管理层特征方面，李小荣和刘行（2012）研究表明，女性高管道德水平更强、风险规避程度更高，代理成本更低，且能带来有效沟通与信任，因而有利于缓解代理冲突与信息不对称程度，显著降低公司股价崩盘风险。Kim 等（2016）认为过度自信的高管往往高估他们投资项目的回报，将负净现值（NPV）的项目误判为正值，他们倾向于忽视所经营项目的负面反馈，导致负净现值的项目持续时间过长，从而促使不良业绩的累积，最终导致企业的股价暴跌。

公司内部因素方面，叶康涛等（2015）指出内部控制信息披露有利于投资者对公司经营状况及财务报表质量进行正确评估，从而能够纠正会计信息解读偏差，提高公司信息透明度，降低股价崩盘的可能性。Kim 和 Zhang（2016）研究发现，公司执行稳健的会计政策有利于抑制管理层高估业绩的动机以及隐瞒负面消息的能力，因而亦可以减少股价暴跌的可能性。孙健等（2016）研究表明，进攻型的公司会有较高的融资需求，因而更可能隐藏负面信息，同样，进攻型的公司股权激励特点决定了公司更可能操纵业绩，因此其认为公司战略越激进，股价崩盘可能性越大。

公司外部因素方面，潘越等（2011）认为，财务分析师会对信息生产、传递、输出进行全方位介入，有利于降低信息不对称。因此，分析师跟踪人数越多，股价暴跌可能性越小。曾爱民和魏志华（2017）指出，宗教传统能增强个体自律与自持能力，约束个体行为规范，抑制管理层隐藏坏消息动机，因而宗教氛围越浓厚的地区，上市公司股价暴跌可能性越小。此外，Callen 和 Fang（2016）研究发现，审计师任期越长，越有助于开发客户特定的知识，发现和阻止管理层囤积不良消息的动机，因而公司股价崩盘风险越低。

现有研究发现一定程度的信息不对称所引发的坏消息隐瞒，是导致股价崩盘风险产生的直接诱因（Jin and Myers，2006）。在非完全有效市场中，坏消息隐瞒能够短时间避免企业股价剧烈波动，但随着时间推移，坏消息隐藏难度越来越大，当坏消息无法继续隐瞒导致坏消息集中释放出来时，公司的股价崩盘风险随即产生（Chen et al.，2001；Jin and Myers，2006；Hutton et al.，2009）。自从 Hutton 等（2009）的开创性经验研究以来，公司股价崩盘风险的经验证据大量涌现，现有股价崩盘风险原因主要从“信息透明观”与“代理问题观”予以关注。

“信息透明观”认为企业内部与外部投资者之间的信息不对称会诱发股价崩盘风险。企业在市场交易过程中存在信息不对称的情况，使外部投资者无法获取企业的真实经营情况，且容易被企业披露的虚假情况所误导，造成股价易被市场高估，从而导致“泡沫”的产生。一旦投资者识别或获得企业的真实经营情况，“泡沫”发生破裂，股价就会出现暴跌（Marin and Olivier，2008；李小荣和刘行，2012；叶康涛等，2015；宋献中等，2017）。现有文献关注信息透明度（Hutton et al.，2009；Kim and Zhang，2016；潘越等，2011；罗进辉和杜兴强，2014）、会计稳健性（Kim and Zhang，2016）、会计信息可比性（Kim et al.，2016）以及真实盈余管理（Chen et al.，2017）对企业股价崩盘风险的重要影响，这些文献大多验证财务信息的不透明会增加股价崩盘风险，而提高信息透明度、选择审慎的会计政策能够降低股价崩盘风险。

“代理问题观”认为股东与管理层之间的代理问题会诱发股价崩盘风险。管理层出于职业生涯、职位晋升、期权行权、薪酬契约等原因倾向于隐藏公司的负面信息。出于职业生涯和薪酬等的考虑，管理者会隐藏、延缓坏消息的披露（Kothari et al.，2009），导致股价崩盘风险的增加。具体而言，管理层面临的股权激励（Kim et al.，2011）、过度在职消费（Xu et al.，2014）以及 CEO 年龄、性别（李小荣和刘行，2012）对企业股价崩盘风险会产生重要影响。现有文献普遍发现管理层倾向于隐藏坏消息、披露好消息，为什么管理层对好消息与坏消息有着不同的态度呢？Kothari 等（2009）认为一个重要的原因是管理层的职业生涯顾虑，信息披露不仅会在短期内影响薪酬，长期来看还有可能影响到升迁、外部就业与失业等。

但是纸总归包不住火，谎言总有被戳破的时候。信息不对称所引发的负面消息隐瞒是股价崩盘风险产生的直接原因（Jin and Myers，2006），在非完全有效市场，负面消息隐瞒能够短时间避免公司股价剧烈波动，但负面消息隐藏难度随时间推移而加大，当负面消息再也无法隐瞒并集中释放时，股价崩盘风险随即产生。公司利用文本操纵掩饰财务舞弊的过程其实也是坏消息积累的过程，而市场对这种行为的识别过程也是坏消息慢慢释放的过程，因此公司利用文本操纵精心掩饰财务舞弊的行为可能引发较大的股价崩盘风险。

假设 7 -3：公司利用非财务信息文本操纵精心掩饰财务舞弊，增加了股价崩盘风险。

7.3 研究设计

7.3.1 样本选取与数据来源

本章基于 2007—2016 年沪深 A 股上市公司数据[①]，剔除金融保险业 641 个公司年度样本，被 ST、* ST 处理的 624 个公司样本，变量缺失的 5433 个公司年度样本，舞弊当年及下一年度即被查处（舞弊主观性与掩饰动机较弱）及财务舞弊年限缺失的 7695 个公司年度样本，查处以后的样本 2960 个，最终得到 8860 个“公司—年度”样本。

① 鉴于公司财务舞弊需要在以后年度被中国证监会发现并查处，有时候时限较长，借鉴财务重述的相关研究，本章样本期间的截止年限设置为 2016 年。

本章财务舞弊数据根据深圳国泰安数据库中有关中国证监会、沪深交易所和财政部对上市公司的公开谴责、公开批评或公开处罚公告整理而得。2007—2016 年共有 1695 个财务舞弊样本，删除当年及下年即被查处、公司刻意舞弊可能性较低、文本操纵动机较弱的 825 个财务舞弊样本，删除无法确定舞弊年份的 41 个样本，最终得到 829 个财务舞弊样本①。本章的非财务信息文本特征数据通过 Python 软件从年报 MD&A 部分提取，财务数据取自 CSMAR 和 WIND 数据库，地区宏观经济指标取自《中国统计年鉴》。为避免异常值的影响，本章对主要连续变量进行了上下 1% 的 WINSORIZE（缩尾）处理。

7.3.2　变量定义与模型设计

本章参考祝继高与王春飞（2013）、Maines 和 Hand（1996）、于李胜与王艳艳（2006）以及 Jin 和 Myers（2006）的研究，设立市场识别模型（7－1）：

$$CAR_{i,t}/PEAD_{i,t}/CRASH_{i,t} = \beta_0 + \beta_1 Fraud_{i,t} + \beta_2 Fraud_{i,t} \times Textual\_Style/Textual\_Topic_{i,t} + \beta_3 Textual\_Style/Textual\_Topic_{i,t} + \beta_4 Controls_{i,t} + \beta_5 \Sigma Industry + \beta_6 \Sigma Year + \varepsilon_{i,t} \quad (7-1)$$

CAR 反映市场对公司利用文本操纵精心掩饰财务舞弊行为的短期反应，参照祝继高与王春飞（2013）以及刘行与叶康涛（2018）的研究，本章采用［－5，＋5］窗口期内的累计超额异常收益率衡量。此时控制变量 Controls 包括：市场系统性风险 Beta、市净率 PB、总资产报酬率

① 从舞弊类型看，101 家企业操纵股价或内幕交易，369 家企业重大遗漏或推迟披露，196 家企业虚列资产或虚构利润，30 家企业占用公司资产或擅自改变资金用途，其他类型共计 133 家。从处罚类型看，103 家企业被罚款，143 家企业被批评或谴责，其他类型共计 583 家。

Roa、基本每股收益 EPS、流通股股数的自然对数 LnLTA、净利润增长率 Netrate。

PEAD 反映［0，+90］窗口期的信息漂移现象，即较长窗口期的累计超额收益率 CAR 对未预期盈余 UE 的反应系数（于李胜与王艳艳，2006）。其中解释变量未预期盈余 UE =［Eps - E(eps)］/Price，E（eps）是第 t 年分析师盈利预测的中位数，Price 是年末收盘价。

CRASH 反映一年期的股价崩盘风险。本章参考叶康涛等（2015）以及王化成等（2015）的研究，利用股价崩盘风险捕捉市场对公司利用文本操纵掩饰财务舞弊行为的反应。其中，股价崩盘风险 CRASH 用下一期的负收益偏态系数 FNCSKEW 和股价上下波动性 FDUVOL 衡量，同时控制经市场调整的当年周收益率的标准差 Sigma，当年月平均超额换手率与上年之差 Dturn，当年实际周收益率的平均值 Ret，过去三年可操纵性应计绝对值的总和 Opaque。

Fraud 表示财务舞弊，若上市公司进行了财务舞弊，则该上市公司首次进行财务舞弊年份至被证监会查处的年度取值为 1，此前年度均取值为 0；若上市公司从未进行财务舞弊，则该上市公司在样本期间内均取值为 0。

Textual 为系列文本相关变量，包括文本形式特征 Textual_ Style 与文本主题内容 Textual_ Topic：Textual_ Style 反映 MD&A 文本形式特征。包括：（1）文本相似度 Similarity，参照 Brown 和 Tucker（2011）以及 Merkley（2014）的做法，通过 Python 软件包 Gensim，使用向量空间模型（Vector Space Model）计算前后两年 MD&A 文本（向量）的夹角余弦值（Cosine）；（2）文本复杂度 Complexity，参照 Dyer 等（2017）以及 Loughran 和 Mcdonald（2014）的做法，采用 MD&A 词汇总数的自然对数衡量；（3）文本语调 Tone，公司当年积极词汇数量占 MD&A 词汇数量的比例。

Textual_ Topic 反映 MD&A 文本主题内容。包括：（1）风险主题信息 Risk，参照 Campbell 等（2014）的研究，采用 Latent Dirichlet Allocation 算法统计"风险"、"不确定"、"复杂"、"波动"、"挑战"、"多变"等风险主题词的频率，除以 MD&A 总字数再乘以 100 衡量。（2）特质性信息 Specific，年报"管理层讨论与分析"中与企业经营直接相关关键词字数总和占"管理层讨论与分析"部分总字数的比例乘以 100。其中与企业经营直接相关关键词包括财务风险、审计风险、会计风险、供应链风险、销售风险、重组风险。（3）非特质性信息 Non - Specific，年报"管理层讨论与分析"中与企业经营不直接相关关键词字数总和占"管理层讨论与分析"部分总字数的比例乘以 100。其中与企业经营不直接相关关键词包括汇率风险、政治风险、政策风险、审批风险、税收风险。相关变量定义如表 7 - 1 所示。

表 7 - 1　　　　变量定义表

变量		变量定义
被解释变量	CAR [-5, +5]	[-5, +5] 窗口期内的累计超额异常收益率
	FNCSKEW	负收益偏态系数
	FDUVOL	股价上下波动性
解释变量	Fraud	哑变量，若上市公司进行了财务舞弊，则该上市公司首次进行财务舞弊年份至被证监会查处的年度取值为 1，此前年度均取值为 0；若上市公司从未进行财务舞弊，则该上市公司在样本期间内均取值为 0
	Similarity	公司当年 MD&A 整体相比上年文本相似度
	Complexity	公司当年 MD&A 总词汇数的自然对数
	Tone	公司当年积极词汇数量占 MD&A 词汇数量的比例
	Risk	年报"管理层讨论与分析"部分风险类关键词字数总和占"管理层讨论与分析"部分总字数的比例乘以 100。其中，风险类关键词包括："风险"、"不确定"、"波动"、"挑战"、"多变"、"复杂"等

续表

变量		变量定义
解释变量	Specific	年报“管理层讨论与分析”中与企业经营直接相关关键词字数总和占“管理层讨论与分析”部分总字数的比例乘以100。其中微观层面关键词包括财务风险、审计风险、会计风险、供应链风险、销售风险、重组风险
	Non - Specific	年报“管理层讨论与分析”中与企业经营不直接相关关键词字数总和占“管理层讨论与分析”部分总字数的比例乘以100。其中宏观层面关键词包括汇率风险、政治风险、政策风险、审批风险、税收风险
控制变量	SOE	若为国有企业，则该变量取1，否则取0
	Size	公司年末资产总额取自然对数
	Leverage	公司年末负债总额与年末资产总额的比值
	Roa	公司年末净利润总额与资产总额的比值
	Tobin's Q	公司托宾Q值
	Age	公司上市年限取自然对数
	R&D	公司研发投入的自然对数
	Big4	公司被全球四大会计师事务所审计时取1，否则取0
	SEO	公司在样本期内存在股票增发事件取1，否则取0
	GDP	地区GDP增长率
	Length	公司当年年报总词汇数的自然对数
	Beta	市场系统性风险
	PB	市净率
	EPS	基本每股收益
	LnLTA	流通股股数的自然对数
	Netrate	净利润增长率
	Sigma	经市场调整的当年周收益率的标准差
	Dturn	当年月平均超额换手率与上年之差
	Ret	当年实际周收益率的平均值
	Opaque	过去三年可操纵性应计绝对值的总和

7.4　实证结果及分析

7.4.1　描述性统计与相关性分析

表7－2为主要变量的描述性统计分析。市场反应CAR［－5，＋5］的均值为0.684，标准差为6.467；股价崩盘风险变量FNCSKEW及FDUVOL的均值为－0.261和－0.186，标准差分别为1.004和0.817，表明这两个指标在样本公司中的分布存在较大差异，与现有研究（江轩宇和许年行，2015）基本一致；在财务舞弊方面，Fraud均值为0.112，即约有11.2%的样本存在财务舞弊，观测样本分布较合理，同时也说明本章采取倾向得分匹配的研究设计具有一定的合理性，可以在一定程度上解决由于实验组较少所产生的样本选择偏误。其他主要变量的统计分析结果与现有文献基本保持一致。

表7－2　　变量描述性统计

变量	样本量	均值	标准差	p25	中位数	p75
CAR[－5，＋5]	8860	0.684	6.467	－2.486	0.022	8.453
FNCSKEW	8860	－0.261	1.004	－0.790	－0.261	0.436
FDUVOL	8860	－0.186	0.817	－0.661	－0.153	0.426
Fraud	8860	0.112	0.316	0.000	0.000	0.000
Similarity	8860	0.438	0.119	0.354	0.430	0.512
Complexity	8860	8.008	0.596	7.631	8.003	8.357
Tone	8860	0.608	0.179	0.504	0.627	0.729
Risk	8860	0.277	0.212	0.139	0.230	0.359
Specific	8860	0.293	0.320	0.033	0.223	0.407

续表

变量	样本量	均值	标准差	p25	中位数	p75
Non - Specific	8860	0. 237	0. 174	0. 109	0. 209	0. 334
SOE	8860	0. 462	0. 499	0. 000	0. 000	1. 000
Size	8860	22. 065	1. 299	21. 174	21. 914	22. 832
Leverage	8860	0. 479	0. 221	0. 305	0. 478	0. 643
Roa	8860	0. 034	0. 059	0. 012	0. 033	0. 062
Tobin's Q	8860	2. 362	2. 331	0. 931	1. 698	2. 886
Age	8860	2. 277	0. 711	1. 792	2. 485	2. 833
R&D	8860	6. 337	8. 521	0. 000	0. 000	17. 065
Big4	8860	0. 013	0. 115	0. 000	0. 000	0. 000
SEO	8860	0. 135	0. 341	0. 000	0. 000	0. 000
GDP	8860	0. 095	0. 023	0. 077	0. 088	0. 110
Length	8860	8. 008	0. 596	7. 631	8. 003	8. 357
Opaque	8860	0. 105	0. 061	0. 056	0. 092	0. 143

表 7 - 3 是主要变量的相关系数表。由表 7 - 3 可知，CAR［-5，+5］与财务舞弊 Fraud 在 1% 水平上显著负相关，表明企业发生财务舞弊后会带来市场负面反应；股价崩盘风险变量 FNCSKEW、FDUVOL 与财务舞弊变量 Fraud 在 1% 水平上显著正相关，表明企业发生财务舞弊后会增加股价崩盘风险，造成负面效应，造成资本市场的不稳定。

7.4.2 对市场反应的检验

表 7 - 4 列示了年报短窗口市场反应的回归结果。限于篇幅，本章仅对文本特征进行分析，文本主题内容不再赘述。第（1）列不考虑 MD&A 文本特征的回归结果显示：财务舞弊 Fraud 与累计超额异常回报率负相关但并不显著，说明市场对财务舞弊公司与非财务舞弊公司年报的反应不存在显著差异，也说明刻意财务舞弊的公司会精心掩饰从而不被市场察

表7－3 主要变量相关系数表

变量	CAR[-5, +5]	FNCSKEW	FDUVOL	Fraud	SOE	Size	Leverage	Roa	Tobin's Q	Age	R&D	Big4	SEO	GDP	Length
CAR[-5, +5]	1														
FNCSKEW	-0.036 ***	1													
FDUVOL	-0.039 ***	0.926 ***	1												
Fraud	-0.027 ***	0.030 ***	0.038 ***	1											
SOE	-0.018 *	-0.032 ***	-0.030 ***	-0.020 **	1										
Size	0.00300	-0.033 ***	-0.0130	-0.088 ***	0.149 ***	1									
Leverage	0.091 ***	-0.061 ***	-0.069 ***	0.175 ***	0.102 ***	0.378 ***	1								
Roa	-0.023 **	0.050 ***	0.052 ***	-0.141 ***	-0.024 **	0.022 **	-0.411 ***	1							
Tobin's Q	-0.063 ***	0.117 ***	0.105 ***	-0.023 **	-0.174 ***	-0.501 ***	-0.360 ***	0.272 ***	1						
Age	0.079 ***	-0.058 ***	-0.053 ***	0.120 ***	0.234 ***	0.323 ***	0.426 ***	-0.226 ***	-0.333 ***	1					
R&D	-0.182 ***	0.075 ***	0.088 ***	-0.137 ***	-0.150 ***	0.047 ***	-0.235 ***	0.091 ***	0.198 ***	-0.189 ***	1				
Big4	0.0100	-0.022 **	-0.00800	-0.027 ***	-0.002	0.233 ***	0.083 ***	-0.015	-0.080 ***	-0.005	-0.082 ***	1			
SEO	0.0110	-0.00700	-0.0140	-0.006	-0.020 **	0.028 ***	0.039 ***	0.011	0.063 ***	-0.025 ***	0.064 ***	-0.006	1		
GDP	-0.027 ***	0.023 **	0.0120	0.145 ***	0.084 ***	-0.159 ***	0.170 ***	-0.067 ***	-0.067 ***	0.072 ***	-0.534 ***	0.061 ***	-0.015	1	
Length	0.190 ***	-0.041 ***	-0.064 ***	-0.085 ***	-0.036 ***	0.440 ***	0.007	0.083 ***	-0.045 ***	-0.101 ***	0.384 ***	0.130 ***	0.085 ***	-0.371 ***	1

注：括号内为t值，***、**、*分别表示1%、5%、10%水平下显著（双尾）。

觉。第（2）列至第（4）列进一步考虑 MD&A 文本特征变化的掩饰动机，当文本相似度 Similarity 小于中位数、文本复杂度 Complexity 大于中位数、文本语调 Tone 为积极语调时，公司掩饰财务舞弊的动机更强，Dislosure_ Dummy 取值为 1 否则为 0。结果显示：交乘项 Fraud × Disclosure_ Dummy 与累计超额异常回报率［-5，+5］不存在显著关系，从而说明市场对财务舞弊公司与非财务舞弊公司年报的反应不存在显著差异，也即公司利用文本操纵精心掩饰财务舞弊的行为并未被市场识别。本章还检测了［-1，+1］、［-2，+2］、［-3，+3］等窗口的累计超额异常回报率，结果与此相同，限于篇幅，不再赘述。

表 7-4　　五天窗口期的累计超额异常回报率

变量	不考虑掩饰行为	考虑掩饰行为		
		Similarity	Complexity	Tone
	(1)	(2)	(3)	(4)
Fraud	-0.074	0.026	-0.181**	-0.332
	(-1.37)	(0.29)	(-2.48)	(-1.29)
Fraud × Disclosure_ Dummy		-0.130	0.303	0.286
		(-1.24)	(1.11)	(1.09)
Disclosure_ Dummy		0.032	-0.250***	0.093
		(0.83)	(-6.13)	(0.85)
Leverage	-0.038	-0.012	-0.011	-0.012
	(-0.71)	(-0.24)	(-0.22)	(-0.24)
Beta	0.148***	0.125***	0.095***	0.126***
	(5.73)	(4.34)	(3.26)	(4.36)
PB	0.103	0.062	0.043	0.075
	(1.07)	(0.58)	(0.40)	(0.70)
Roa	0.019	0.013	0.029	0.011
	(1.17)	(0.69)	(1.50)	(0.58)
Age	0.005	0.005	0.005	0.005
	(1.45)	(1.48)	(1.61)	(1.48)

续表

变量	不考虑掩饰行为	考虑掩饰行为		
		Similarity	Complexity	Tone
	(1)	(2)	(3)	(4)
Big4	0.262**	0.308**	0.279**	0.305**
	(2.01)	(2.24)	(2.03)	(2.22)
EPS	-0.197***	-0.185***	-0.190***	-0.187***
	(-5.51)	(-4.27)	(-4.39)	(-4.30)
LnLTA	-0.585	-0.602	-0.488	-0.581
	(-1.21)	(-1.28)	(-1.04)	(-1.24)
Netrate	0.652	0.613	0.631	0.621
	(0.61)	(0.53)	(0.54)	(0.53)
Industry FE	Yes	Yes	Yes	Yes
Year FE	Yes	Yes	Yes	Yes
Constant	1.483***	1.772***	1.514***	1.751***
	(3.25)	(3.27)	(2.79)	(3.20)
Observations	16121	16121	16121	16121
Adj - R^2	0.098	0.084	0.086	0.084
F	11.87	15.25	15.37	15.46

注：括号内为t值，***、**、*分别表示1%、5%、10%水平下显著（双尾）。

7.4.3 对信息漂移现象的检验

表7-5列示了九十天窗口期信息漂移的回归结果。第（1）列不考虑文本操纵行为的回归结果显示：交乘项Fraud × UE与累计超额收益率在10%水平上显著正相关，而且与UE的回归系数符号一致，说明财务舞弊加剧了信息漂移现象。第（2）列至第（4）列进一步考虑文本操纵行为的回归结果显示：交乘项Fraud × UE × Disclosure_ Dummy与累计超额收益率在10%及以上水平上显著正相关，而且与Fraud × UE的回归系数

符号一致，说明利用 MD&A 文本操纵掩饰财务舞弊的行为加剧了信息漂移现象。上述结论表明，一方面公司刻意进行财务舞弊并通过 MD&A 文本进行精心掩饰，增加了投资者对信息的理解难度，从而降低了股价对信息的反应效率；另一方面市场能感知公司的这种掩饰行为。本章同时检验了［0，+30］、［0，+60］等窗口的信息漂移现象，但并未发现相同结果，从而说明公司利用文本操纵掩饰财务舞弊的行为迷惑市场投资者达九十天左右。

表 7-5　　信息漂移现象

变量	不考虑掩饰行为	考虑掩饰行为		
		Similarity	Complexity	Tone
	(1)	(2)	(3)	(4)
Fraud	-0.016***	0.016***	0.016***	0.016***
	(-3.44)	(4.21)	(4.16)	(4.16)
UE	0.013*	0.014**	0.013**	0.013**
	(1.86)	(2.20)	(2.13)	(2.15)
Fraud × UE	0.026*	0.029**	0.017	0.007
	(1.72)	(2.01)	(1.21)	(0.22)
Fraud × UE × Disclosure_ Dummy		0.018**	0.013*	0.017*
		(2.34)	(1.66)	(1.73)
Disclosure_ Dummy		-0.001	-0.010	-0.003
		(-0.08)	(-1.41)	(-0.19)
Size	0.005	0.004	0.005	0.005
	(0.41)	(0.36)	(0.40)	(0.37)
Leverage	0.003	0.003	0.003	0.003
	(0.30)	(0.27)	(0.24)	(0.25)
Tobin's Q	-0.012**	-0.011***	-0.012***	-0.012***
	(-2.00)	(-3.67)	(-3.80)	(-3.74)
Cash	0.009	0.009	0.009	0.009
	(1.33)	(1.41)	(1.43)	(1.43)

续表

变量	不考虑掩饰行为	考虑掩饰行为		
		Similarity	Complexity	Tone
	(1)	(2)	(3)	(4)
Roa	-0.026	-0.027	-0.026	-0.027
	(-0.43)	(-0.67)	(-0.64)	(-0.66)
Industry FE	Yes	Yes	Yes	Yes
Year FE	Yes	Yes	Yes	Yes
Constant	0.263 **	0.262 ***	0.276 ***	0.269 ***
	(2.18)	(3.99)	(4.16)	(3.96)
Observations	10298	10298	10298	10298
$Adj-R^2$	0.029	0.029	0.030	0.029
F	32.10	13.91	13.94	14.04

注：括号内为 t 值，***、**、* 分别表示 1%、5%、10% 水平下显著（双尾）。

7.4.4 对股价崩盘风险的检验

表 7-6 列示了一年期股价崩盘风险的回归结果。第（1）列与第（2）列不考虑文本操纵行为的回归结果显示：是否财务舞弊 Fraud 与负收益偏态系数 FNCSKEW 以及股价上下波动性 FDUVOL 在 5% 水平上显著正相关，说明财务舞弊提高了股价崩盘风险。第（3）列至第（8）列进一步考虑文本操纵行为的回归结果显示：交乘项 Fraud × Disclosure_ Dummy 与负收益偏态系数 FNCSKEW 以及股价上下波动性 FDUVOL 基本上具有显著正相关关系，说明公司利用文本操纵掩饰财务舞弊的行为加剧了公司股价崩盘风险，同时也说明市场能有效识别公司利用非财务信息文本掩饰公司财务舞弊行为。

表 7-6 股价崩盘风险

变量	不考虑掩饰行为		考虑掩饰行为					
			Similarity		Complexity		Tone	
	FNCSKEW	FDUVOL	FNCSKEW	FDUVOL	FNCSKEW	FDUVOL	FNCSKEW	FDUVOL
	(1)	(2)	(3)	(4)	(5)	(6)	(7)	(8)
Fraud	0.098**	0.079**	0.134*	0.116**	0.142**	0.133***	0.075	0.100
	(1.98)	(2.18)	(1.88)	(2.41)	(2.50)	(3.23)	(0.37)	(0.75)
Fraud × Disclosure_ Dummy			0.097*	0.095*	0.090	0.107**	0.122**	0.103**
			(1.75)	(1.72)	(1.20)	(1.96)	(2.11)	(1.87)
Disclosure_ Dummy			0.003	0.002	0.013	-0.001	0.077*	0.092*
			(0.12)	(0.10)	(0.45)	(-0.05)	(1.66)	(1.88)
FNCSKEW	0.015**	0.012**	0.016**	0.012**	0.016**	0.012**	0.016**	0.012**
	(2.21)	(1.99)	(2.22)	(1.99)	(2.22)	(2.00)	(2.22)	(1.99)
Sigma	-9.575***	-8.057***	-9.572***	-8.053***	-9.558***	-8.026***	-9.598***	-8.078***
	(-8.79)	(-10.56)	(-8.79)	(-10.56)	(-8.77)	(-10.52)	(-8.83)	(-10.59)
Ret	-77.289***	-78.859***	-77.294***	-78.863***	-77.290***	-78.879***	-77.263***	-78.839***
	(-39.02)	(-50.26)	(-38.99)	(-50.21)	(-39.02)	(-50.27)	(-39.03)	(-50.24)
Dturn	-0.013	-0.017	-0.013	-0.017	-0.013	-0.018	-0.013	-0.017
	(-0.40)	(-0.76)	(-0.40)	(-0.75)	(-0.41)	(-0.78)	(-0.41)	(-0.76)
Opaque	0.161	0.184	0.160	0.183	0.158	0.180	0.161	0.183
	(1.02)	(1.56)	(1.02)	(1.56)	(1.00)	(1.53)	(1.02)	(1.54)

续表

变量	不考虑掩饰行为		考虑掩饰行为					
			Similarity		Complexity		Tone	
	FNCSKEW	FDUVOL	FNCSKEW	FDUVOL	FNCSKEW	FDUVOL	FNCSKEW	FDUVOL
	(1)	(2)	(3)	(4)	(5)	(6)	(7)	(8)
$Opaque^2$	-0.113	-0.149	-0.113	-0.149	-0.109	-0.145	-0.113	-0.148
	(-0.77)	(-1.36)	(-0.77)	(-1.36)	(-0.74)	(-1.33)	(-0.77)	(-1.35)
Size	-0.056*	-0.055**	-0.056*	-0.054**	-0.055*	-0.052**	-0.056*	-0.055**
	(-1.90)	(-2.36)	(-1.88)	(-2.34)	(-1.85)	(-2.22)	(-1.90)	(-2.36)
Leverage	-0.012	-0.000	-0.012	0.000	-0.011	0.001	-0.010	0.002
	(-0.32)	(-0.00)	(-0.32)	(0.01)	(-0.30)	(0.02)	(-0.27)	(0.07)
Roa	-0.039	-0.115	-0.034	-0.110	-0.039	-0.115	-0.053	-0.128
	(-0.15)	(-0.58)	(-0.13)	(-0.55)	(-0.15)	(-0.58)	(-0.21)	(-0.64)
Industry FE	Yes	Yes	Yes	Yes	Yes	Yes	Yes	Yes
Year FE	Yes	Yes	Yes	Yes	Yes	Yes	Yes	Yes
Constant	1.067	1.042**	1.055	1.030**	1.040	0.980*	1.025	0.999*
	(1.61)	(2.03)	(1.59)	(2.01)	(1.56)	(1.90)	(1.53)	(1.93)
Observations	10298	10298	10298	10298	10298	10298	10298	10298
$Adj-R^2$	0.429	0.568	0.429	0.568	0.429	0.568	0.429	0.568
F	17.88	25.01	16.12	22.51	16.16	22.63	16.10	22.52

注：括号内为 t 值，***、**、* 分别表示 1%、5%、10% 水平下显著（双尾）。

7.5 本章小结

本章利用五天、九十天以及一年三个窗口的股价变化捕捉市场识别公司利用文本操纵掩饰财务舞弊行为的过程，发现短期内市场无法识别公司刻意舞弊并精心掩饰的行为，但从中长期来看市场能逐渐察觉并体现在股价上，从而说明公司利用文本操纵精心掩饰财务舞弊获得了短期收益，而市场对这种行为的渐进识别过程也体现了其部分有效。

本章验证了公司利用 MD&A 文本操纵精心掩饰财务舞弊的策略行为，丰富了财务舞弊文献、文本分析文献以及信息披露文献。同时本章研究也表明，监管者可以根据文本特征变化规律并结合舞弊构成要素，强化对财务舞弊的查处力度。本章研究的不足主要体现在：第一，目前财务、会计领域尚无公认的中文文本分析方法以及文本特征计量方式，本章尝试对 MD&A 进行文本分析并提取文本特征指标，难免缺乏权威性。但本章采用其他可替代计量方式，比如采用字典法计量文本语调乐观程度，仍可得到相同结果，可保障本章计量方式与研究结论的可信度。第二，本章研究虽然有利于增强非财务信息的可理解性，但是要发挥其在实际操作中的价值，后续研究有待深化。只有多角度观察文本特征的变化规律，并固化为文本分析程序，才能被信息使用者和监管者所利用。

第8章　基于多模态机器学习的舞弊审计应用

8.1　问题的提出

早期的研究发现，常规财务指标与异常财务指标对财务舞弊具有预测作用。现有研究发现舞弊公司与非舞弊公司在应收账款日销售指数、毛利率指数、销售增长指数等方面存在显著差异（Beneish，1999）。舞弊公司治理结构薄弱，董事长兼任总经理，设立审计委员会的比例较低（Dechow et al.，1996），且审计委员会的独立性受到威胁或未尽勤勉义务（Abbott et al.，2004）。股权集中度、每股净资产差异率、存货占比等财务指标在一定程度上会对公司财务舞弊行为产生影响，这些指标可以作为舞弊征兆来初步判断公司是否存在舞弊风险（陈国欣等，2007；吴革和叶陈刚，2008）。此外，异常存货、异常应收账款、异常其他应收账款、异常预收账款、异常销售管理费用和异常毛利润在一定程度上能反映上市公司财务造假的情况，可作为识别财务舞弊的基本面指标（汪荣飞和张然，2018）。

现有常规与异常财务指标虽然较全面，但仍不能完全识别与防范上市公司的舞弊，一方面因为新形势下财务舞弊手法更加高明与隐蔽，另一方面还由于现代会计核算的复杂性为舞弊的发生提供了广阔的空间。因此在侦测财务舞弊行为时，采用的信息不应局限于三张报表，而应引入非财务信息。不同角度的分析，不同方法的引入，将有助于更好地识别财务舞弊。需要注意的是，在报表分析之前，需要考虑报表本身的可信度。在大数据的时代背景下，除财务数据外，还应关注更多的非财务信息。在目前新技术发展的环境下，如何将新技术与财务舞弊识别模型相结合？通过从财务到非财务信息的深加工，可以实现对会计信息可靠性的再判断。新技术的应用，同时建立起赏罚分明的导向政策，以及整个社会的信用体系，将有助于监管者发现财务舞弊和全社会防范财务舞弊。

本章后续安排如下，第二节是传统公司财务舞弊侦测研究。第三节先阐述理论分析，从样本选择和数据来源方面进行研究设计，并构建利用年报文本信息侦测公司财务舞弊模型，最后进行年报文本信息侦测公司财务舞弊精度分析。第四节为公司财务舞弊预防措施，之后是本章小结。

8.2　传统公司财务舞弊侦测研究

目前对上市公司舞弊识别的实证研究比较常用的分析模型主要有单变量判别模型、多元判别模型、多元 Logistic 回归模型。

单变量判别模型就选取一个重要解释变量，以该变量的取值对所有样本进行排序，然后选出一个值作为最佳判别点，如果样本公司该变量的取值大于或小于这个判别点，则判定为舞弊公司，反之则判定为非舞弊公司。多元判别模型对单变量判别模型进行了一定的改进，可以综合考虑多个变量的差异来对未知总体进行分类。这种方法应用在财务舞弊中就可以综合考虑用多个指标来识别公司是否存在舞弊行为，提高了分析结果的完整性。

多元 Logistic 回归模型最早由 Verhulst 于 1838 年提出，旨在借鉴线性回归模型，使用概率的方法估计某些事物发生的可能性。多元 Logistic 回归模型的基本思路是：明确目标公司的财务特征，该模型条件比较宽松，财务指标不需要服从正态分布，在模型构建后，将公司的该类指标直接代入模型可以得到一个概率值，对财务舞弊发生的可能性得到有效评估。

首先构建 Logistic 模型如下：

$$Fraud = \alpha_0 + \sum_{i=1}^{n} \alpha_i x_i + \varepsilon \tag{8-1}$$

$$Fraud = Ln \frac{prob}{1 - prob} = \alpha_0 + \sum_{i=1}^{n} \alpha_i x_i \tag{8-2}$$

其中 Fraud 是舞弊变量，舞弊样本取 1，控制样本取 0，X_i 为解释变量，各样本指标（i=1，2，3，…，18，19），α_0 为常数，ε 为自由变量。

为识别出经过粉饰的财务报告，选取的识别指标大多是针对采用舞弊手段后对财务报表的异常影响。财务报告舞弊中对利润和资产的舞弊手段往往会造成公司的一些财务指标如资产负债率、应收账款周转率、存货周转率异常等，因此，在尽量全面考虑舞弊可能造成的后果基础上，结合以前的研究成果选取了 18 个财务类指标（见表 8-1），这类变量指标主要采用指数形式的动态变量来反映，即舞弊公司发生舞弊当年的某一项财务指标与舞弊前一年该指标的比值。如果某个上市公司是连续多年舞弊，则以第一次发生舞弊的年份作为舞弊当年的年份。

表 8-1　　预测变量指标体系

	变量	定义	预测关系
财务类指标（Finance）	X_1	资产负债率 = 负债总额/资产总额	-
	X_2	现金债务比 = 现金净流量/流动负债	+
	X_3	总资产报酬率 = 净利润/总资产	-
	X_4	主营业务利润率 = 净利润/主营业务收入	-
	X_5	速动比率 =（货币资金 + 交易性金融资产）/流动负债	+

续表

	变量	定义	预测关系
财务类指标（Finance）	X_6	应收账款周转率=主营业务收入/应收账款	+
	X_7	存货周转率=主营业务成本/年末存货	+
	X_8	净资产回报率=净利润/所有者权益	-
	X_9	所得税率=所得税/利润总额	+
	X_{10}	税金及附加比例=税金及附加/主营业务收入	+
	X_{11}	期间费用率=期间费用/主营业务收入	-
	X_{12}	利息资本化率=财务费用/总负债	+
股权类指标（Equity）	X_{13}	国有股比例=国有股股数/总股数	+
	X_{14}	管理层持股比例=管理层持股数/总股数	-
内部控制类指标（ICQ）	X_{15}	董事会规模=董事会人数的自然对数	+
	X_{16}	独立董事占比=独立董事人数/董事会人数	+
	X_{17}	是否设立审计委员会	+
	X_{18}	内部控制指数（迪博数据库）	+

注："+"表示正相关，"-"表示负相关。

8.3 利用年报文本信息侦测公司财务舞弊行为

8.3.1 理论分析

信息披露质量直接影响资本市场有效性，因此对资本市场的监管主要体现在信息披露的质量上。企业的舞弊行为是监管者关注的重点，财务指标的预测能力相当有限（Larcker and Zakolyukina，2012），部分指标的预测结果甚至与传统观点相反（Purda and Skillicorn，2015）。相对于财务报表比率，机器学习词典（SVM）具有更好的财务舞弊预测能力

（Cecchini et al.，2010）。Larcker 和 Zakolyunkina（2012）使用基于语言学的欺骗性讨论分类模型检验了欺骗性语言和财务重述之间的关系。文本特征对财务舞弊具有预测作用，而且这种预测比基于财务指标的预测更加有效。管理层披露的语言特征揭示了某些预示财务舞弊的沟通模式（Li，2010；Loughran and McDonald，2016）。Goel 等（2010）基于 SVM 法并使用单词计数和文本特征，比如披露语气、可读性、语调和词汇，以识别财务舞弊类型。Loughran 和 McDonald（2011）发现不确定的语言与被控会计不当的证券诉讼正相关。Rogers 等（2011）发现被起诉财务舞弊的公司在财报中往往表现出更为乐观的语调，情绪词和焦虑词等欺骗性语言更能预测财务舞弊（Larcker and Zakolyukina，2012）。财务指标以及文本信息具有预测作用，因此可以用于 MD&A 文本质量的控制。首先要了解监管者的监管重点，而后围绕监管重点提取主题词，计算该主题的其他特征指标，并考察被处罚与 MD&A 文本特征的相关关系。监管者依据相关性特征对监管重点事项被处罚的概率进行预测，发现预测值在临界值以上，则可以提前介入调查。

8.3.2 样本选取与数据来源

本章基于 2007—2016 年沪深两市 A 股上市公司数据①，剔除金融保险业 641 个公司年度样本，被 ST、*ST 处理的 624 个公司样本，变量缺失的 5433 个公司年度样本，舞弊当年及下一年度即被查处（舞弊主观性与掩饰动机较弱）及财务舞弊年限缺失的 7695 个公司年度样本，查处以后的样本 2960 个，最终得到 8860 个“公司—年度”样本。利用年报文本信息侦测公司财务舞弊年度分布见图 8 – 1。

① 鉴于公司财务舞弊需要在以后年度被中国证监会发现并查处，有时候时限较长，借鉴财务重述的相关研究，本章样本期间的截止年限设置为 2016 年。

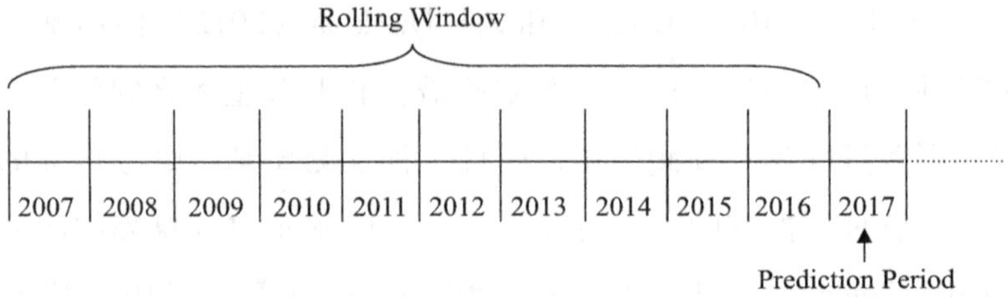

图 8－1　利用年报文本信息侦测公司财务舞弊年度分布

8.3.3　利用年报文本信息侦测公司财务舞弊模型建构

本书参照 Brown 等（2020）的做法，总结财务舞弊企业与非财务舞弊企业 MD&A 文本特征的差异。

$$Textual\_Style_{i,t} = \alpha_0 + \alpha_1 Fraud_{i,t} + \alpha_2 Controls_{i,t} + \alpha_3 \Sigma Firm + \alpha_4 \Sigma Year + \varepsilon_{i,t} \quad (8-3)$$

$$Textual\_Topic_{i,t} = \beta_0 + \beta_1 Fraud_{i,t} + \beta_2 Controls_{i,t} + \beta_3 \Sigma Firm + \beta_4 \Sigma Year + \varepsilon_{i,t} \quad (8-4)$$

模型（8－3）和模型（8－4）中，Textual 反映 MD&A 文本形式特征与文本主题内容，Fraud 表示财务舞弊，若上市公司进行了财务舞弊，则该上市公司首次进行财务舞弊年份至被证监会查处的年度 Fraud 取值为 1，此前年度 Fraud 均取值为 0；若上市公司从未进行财务舞弊，则该上市公司在样本期间内 Fraud 均取值为 0。

由前文可知：公司进行财务舞弊时，MD&A 文本的相似度降低、复杂度提高、语调更加乐观。同时财务舞弊被查处后，MD&A 文本特征发生了完全相反的变化，即复杂度降低、相似度提高、语调更加不乐观。此外，财务舞弊公司进行年报风险主题内容的文本操纵，具体表现为风险主题内容显著减少、特质性信息显著减少、非特质性信息显著增加。

为准确识别公司是否进行财务舞弊，需要获取该公司的相关财务数据，设 $X=(x_1, x_2, x_3, \cdots, x_n)$，那么这个公司发生财务舞弊的条件概率为 $P(y=1 \mid x)=p$，其中 $y=1$ 代表该公司为财务舞弊公司，此时Logistic 回归模型可以表述为：

$$P(y=1|x)=\frac{1}{1+e^{-g(x)}} \tag{8-5}$$

其中，$g(x)=w_0+w_1x_1+\cdots+w_nx_n$。

那么该公司没有发生财务舞弊的条件概率为：

$$P(y=0|x)=1-P(y=1|x)=1-\frac{1}{1+e^{-g(x)}}=\frac{1}{1+e^{g(x)}} \tag{8-6}$$

计算这两个条件概率的比值：

$$\frac{P(y=1|x)}{P(y=0|x)}=\frac{p}{1-p}=e^{g(x)} \tag{8-7}$$

再对这个比值取对数：

$$\ln\left(\frac{p}{1-p}\right)=g(x)=w_0+w_1x_1+\cdots+w_nx_n \tag{8-8}$$

在现有经典财务舞弊侦测研究中，模型输出的概率值，大多以0.5为阈值界定公司是否进行财务舞弊，如果输出的概率值高于0.5，则表明该公司进行财务舞弊的倾向性较大。

参照 Brown 等（2020）的研究，再建立预测模型（8-9），利用模型总结出来的规律，预测之后年度企业财务舞弊的可能性。

$$Logistic(Fraud)_{i,t}=\beta_0+\beta_1 Textual\_Style_{i,t}+\beta_2 Textual\_Topic_{i,t}+\beta_3 Finance_{i,t}+\beta_4 Equity_{i,t}+\beta_5 ICQ_{i,t}+\varepsilon_{i,t} \tag{8-9}$$

其中，Finance 衡量异常的财务指标，比如异常的存货、应收账款、费用等。其他变量定义如表8-2所示。

表 8－2　　变量定义表

变量			变量定义
被解释变量		Fraud	哑变量，若上市公司进行了财务舞弊，则该上市公司首次进行财务舞弊年份至被证监会查处的年度取值为 1，此前年度均取值为 0；若上市公司从未进行财务舞弊，则该上市公司在样本期间内均取值为 0
解释变量	Textual_ Style	Similarity	公司当年 MD&A 整体相比上年文本相似度
		Complexity	公司当年 MD&A 总词汇数的自然对数
		Tone	公司当年积极词汇数量占 MD&A 词汇数量的比例
	Textual_ Topic	Risk	年报“管理层讨论与分析”部分风险类关键词字数总和占“管理层讨论与分析”部分总字数的比例乘以 100。其中，风险类关键词包括：“风险”、“不确定”、“波动”、“多变”、“复杂”、“挑战”等
		Specific	年报“管理层讨论与分析”中与企业经营直接相关关键词字数总和占“管理层讨论与分析”部分总字数的比例乘以 100。其中微观层面关键词包括财务风险、审计风险、会计风险、供应链风险、销售风险、重组风险
		Non－Specific	年报“管理层讨论与分析”中与企业经营不直接相关关键词字数总和占“管理层讨论与分析”部分总字数的比例乘以 100。其中宏观层面关键词包括汇率风险、政治风险、政策风险、审批风险、税收风险
控制变量		Controls	包括：Finance、Equity、ICQ 系列变量（详见表 8－1）

8.3.4　利用年报文本信息侦测公司财务舞弊精度分析

参照Brown等（2020）的研究，再构建预测模型（8－10），利用模型总结出规律，预测之后年度企业财务舞弊的可能性。

$$Logistic(Fraud)_{i,t} = \beta_0 + \beta_1 Similarity_{i,t} + \beta_2 Complexity_{i,t} + \beta_3 Tone_{i,t} + \beta_4 Risk_{i,t} + \beta_5 Specific_{i,t} + \beta_6 Non - Specific_{i,t} + \beta_7 Finance_{i,t} + \beta_8 Equity_{i,t} + \beta_9 ICQ_{i,t} + \varepsilon_{i,t} \tag{8-10}$$

首先，本章选取2007—2016年中国A股上市公司年度样本为初始样本，预测出模型的系数，与前文的研究结果相一致。

$$Logistic(Fraud)_{i,t} = 22.411 - 0.068 Similarity_{i,t} + 1.636 Complexity_{i,t} + 1.236 Tone_{i,t} - 1.749 Risk_{i,t} - 1.318 Specific_{i,t} + 1.166 Non - Specific_{i,t} + \beta_7 Finance_{i,t} + \beta_8 Equity_{i,t} + \beta_9 ICQ_{i,t} + \varepsilon_{i,t}$$

其次，将2017年各项指标代入模型进行预测，计算财务舞弊的概率值，限于篇幅，本章选取了财务舞弊处罚较为严重（以罚款为主）的样本公司进行观测。

最后，在现有经典财务舞弊侦测研究中，模型输出的概率值，大多以0.5为阈值界定公司是否进行财务舞弊行为，如果输出的概率值高于0.5，则表明该公司进行财务舞弊的倾向性较大。为更好地侦测公司财务舞弊行为，本章将模型输出的概率值细分为三类：如果概率值大于或等于0.75，则预测精度好；如果概率值大于等于0.5且小于0.75，则预测精度较好；如果概率值小于等于0.5，则预测精度差；通过对2017年发生财务舞弊的样本进行预测分析，发现利用文本信息预测财务舞弊的结果较好，具有较强的现实指导意义与参考价值（见表8－3）。

表 8－3　利用年报文本信息侦测公司财务舞弊精度分析

ID	Symbol	Date	Type	Punishment	侦测舞弊	精度
事件 ID	证券代码	公告日期	舞弊类型	处罚方式	（概率值）	分析
4049144	000635	2017/9/8	其他	罚款	0.695	较好
4047298	000798	2017/7/4	虚假记载，重大遗漏	警告，罚款	0.697	较好
4049577	000922	2017/9/27	虚假记载	警告，罚款	0.649	较好
4048819	002061	2017/8/29	其他	罚款	0.760	好
4048337	002207	2017/8/10	违规担保，重大遗漏	警告，罚款	0.771	好
4051026	002288	2017/12/9	虚构利润	警告，罚款	0.581	较好
4046096	002323	2017/5/13	虚构利润	警告，罚款	0.636	较好
4049140	002386	2017/9/7	其他	罚款	0.666	较好
4046135	002490	2017/5/16	虚构利润，推迟披露	警告，罚款	0.752	好
4046457	002753	2017/6/1	其他	罚款	0.751	好
4048617	002781	2017/8/22	其他	罚款	0.632	较好
4049978	300208	2017/10/16	推迟披露，重大遗漏	警告，罚款	0.527	较好
4049501	300311	2017/9/22	披露不实，其他	警告，罚款	0.815	好
4046095	300343	2017/5/12	其他	罚款	0.827	好
4046378	600030	2017/5/25	其他	警告，罚款	0.801	好
4047542	600074	2017/7/12	虚假记载	警告，罚款	0.603	较好
4048461	600078	2017/8/16	虚假记载，推迟披露	警告，罚款	0.753	好
4044935	600247	2017/3/17	虚构利润，虚假记载	警告，罚款	0.629	较好
4046935	600281	2017/6/17	虚构利润，虚假记载	警告，罚款	0.712	较好
4050501	600319	2017/11/9	其他	罚款	0.637	较好
4045976	600369	2017/5/6	重大遗漏，其他	警告，罚款	0.516	较好
4045977	600403	2017/5/6	重大遗漏，推迟披露	警告，罚款	0.555	较好
4050508	600576	2017/11/10	虚假记载，推迟披露	警告，罚款	0.492	差
4057791	600601	2018/11/27	重大遗漏	警告，罚款	0.940	好
4044294	600696	2017/2/23	推迟披露，虚假记载	警告，罚款	0.712	较好
4051541	600857	2017/12/28	推迟披露，重大遗漏	警告，罚款	0.618	较好
4051025	600866	2017/12/9	其他	罚款	0.643	较好
4048416	600966	2017/8/12	其他	罚款	0.586	较好
4049182	601216	2017/9/9	其他	罚款	0.633	较好
4046817	603223	2017/6/14	其他	警告	0.623	较好
4043097	603328	2017/1/5	其他	罚款	0.599	较好
4049617	603818	2017/9/28	其他	罚款	0.562	较好
4048702	603991	2017/8/24	其他	罚款	0.521	较好

8.4　公司财务舞弊行为预防措施

8.4.1　注重非财务信息的收集与利用

在面对采用互联网新零售商业模式的企业时，如何制定更具针对性的审计程序和方法，及时识别和防范舞弊行为是互联网时代注册会计师面临的新挑战。因此，本书从非财务信息的视角出发，结合互联网新零售企业的特点，为注册会计师识别和应对互联网新零售企业财务舞弊提供相关建议及策略。

在承接审计业务后，需要注册会计师对被审计单位的基本情况及所处环境进行全面了解。此时，需要注册会计师全面收集与被审计单位相关的各类信息。不仅包括财务信息，还应包括企业公司治理、商业模式、内部控制等内部非财务信息，以及企业所处行业特点和竞争状况、与供应商和客户之间的关系、法律及监管环境等外部非财务信息。在收集与被审计单位有关的财务信息时，注册会计师通常是与企业管理层进行沟通，或者是直接从企业获得财务数据，但会出现财务数据造假或者企业管理层未完全交代实情的情况，审计人员可能比较难建立起对企业全面经营状况的了解。而相比于财务信息和数据的造假，非财务信息因种类繁多、数量巨大而难以被企业操控，具有造假难度大、成本高的特点。因此，通过收集企业非财务信息，可以使注册会计师真实、深入地了解被审计单位及其所处环境。有助于注册会计师从企业的整体出发，在无法了解企业经营全貌的情况下预先对企业的经营风险进行评估。

8.4.2 利用非财务信息识别舞弊关键点

目前，非财务信息已经被广泛运用到识别和预测上市公司财务舞弊的研究中。国内外学者的研究表明，在识别财务舞弊的过程中，公司治理、内部控制等非财务信息方面存在的异常都可以作为识别舞弊的关键点。证监会发布的再融资规则给企业融资带来了更多可能性，放松了企业融资的条件，有利于可转换债券、优先股和创业板进行小额的快速融资，融资频率也得到了大幅度的放开。新规则解决了优质企业融资困难的问题，为企业拓展了融资方式，今后，可转债融资可能会成为企业融资的重要选择，可转债的融资要求是，在过去三个会计年度里，企业平均每个年度的可分配利润不能够少于公司债券一年的利息，对于上市公司来说，该要求限制较小。从市场表现来看，目前可转债融资的市场规模并不大，可转债的成交量也不高，在未来有很大的增长空间。另外，可转债和优先股融资方式的收益较高，融资成本较低，有助于减少企业的相关费用支出，使企业可以顺利地进行融资，维持企业的正常经营。

8.4.3 提高道德水平

对于管理层而言，企业需要对其采用内外兼顾的方式进行管理。企业可以建立完善系统的薪金机制，多元化的薪金制度对于管理层职业道德素养的提高也有一定的影响。诸如在企业的管理中受到重视的绩效，可以进行多角度的评价。在当前的企业发展中，业绩往往被当做最重要的考核标准。但是对于管理层，因其身份的特殊性，可以适当全方位评价其工作绩效。与工作绩效相关联的薪金制度，可以逐步进行透明化，甚至可以与股权相结合。当管理层的薪金制度得到完善后，能够实现源头上对于舞弊行为的杜绝。另外，企业还应该对公司的福利系统进行逐步完善，使企业管理层对于公司的依赖感增强，信任度提高。当管理层在公司得到的认同以及有归属感时，能够从侧面对于职业道德素质进行提高，进而有效防止管理层产生财务舞弊行为。

当前对会计人员的职业道德评价体系存在诸多不足，对员工的评价存在很大的主观性，主要以管理层的意见为主，缺乏一定的客观性，在完善职业道德评价体系时应该明确目标，同时选择科学性与适用性兼具的评价指标，在实际职业道德评价时要将定性和定量结合起来，摒弃不确定的因素，同时职业道德评价体系应该将自我评价、内部评价和外部评价这三个方面相结合，建立一个公平且严谨的职业道德评价体系。

8.4.4　减少舞弊机会

内部控制制度是企业内部治理的一道防线，但是在康美药业内部控制制度形同虚设，康美药业内部控制评价报告几年来并未发现问题，直到被发现财务舞弊才承认企业内部控制失效，内部控制程序混乱，可见内部控制制度不仅不够完善，而且未能在企业内部执行落地，各个环节缺乏联系，相互脱节，内部控制执行流于形式，浮于表面。因此要让内部控制制度真正起到作用就应该让其形成完整的闭环，从制度的发布到对公司内部进行培训，再到对员工进行考核和收到反馈，最后根据反馈对内部控制制度进行优化改进，在这个完整的闭环内才能更好地保证内部控制制度的执行和落地。

上市公司设立监事会的目的主要是对企业的财务活动进行监督和对高管是否存在违法违规行为进行监督。但是在我国，监事会成员往往不只是监事，还在企业任职。监事会成员可能会因为精力的局限不能对企业的运营活动进行全面的监督，而且监事会成员可能存在专业能力不够的情况，造成了对财务活动监督的难度。结合康美药业公司情况可以发现，监事会成员属于兼职监事事务，对公司的实际财务情况了解甚少，且缺乏一定的独立性，因此监事会对公司的监督作用被弱化。要完善监事会制度，首先，应该加强对监事会成员的考核与评估，对于其是否执行对公司的监督以及具体监督情况应该检查与核实，年末监事会成员的工作也要受到考核，只有在考核合格后才能继续在监事会任职。其次，对监事会成员的选举也应该有一定的标准，比如监事是否具备一定的专业能力对企业进行监督，是否存在与公司高管关系过于密切的情况，在年龄上是否有足够的精力监督企业事项。最后，由于监事会和独立董事设置的目的接近，所以两者监督范围有部分的重叠，在这种情况下两方不应该相互推卸责任，而应该进行及时和明确的沟通，实现相关信息的互通与共享，形成企业内部的全面监督体系。

在当前阶段有效防范财务舞弊应该建立起完善的预警机制，我们可以选择从该行为的源头出发。只有这样才能发现和重点关注企业财务的异常，才能实现即时发现并解决的效果。因此即时发现舞弊行为并进行制止是我们预防舞弊行为的重中之重。应该充分利用信息科技手段，建立起一个财务信息预警触发系统，当企业的财务指标在一个会计期间内与同行业相比出现异常时，应该进行及时的预警，引起监管部门的关注，在不同的行业内应该设立不同的指标预警标准，指标异常浮动的范围，利用预警系统及时筛选与监控，为监管部门的监管工作减少不必要的麻烦，进一步防止企业进行信息数据的造假。随着科技的不断进步，目前运用人工智能模型进行财务预警已经投入试验，人工智能模型不仅能选取基本财务指标，还能够选取公众关心的非财务指标，例如管理层变动情况、审计报告类型等，相比于传统模型来说，人工智能模型也更加精确，在未来对于预测风险能发挥更大的作用，从这个方面来讲，一个完善的财务指标预警系统是能够防范舞弊的有效工具。

8.4.5　提高舞弊成本

在我国现有的法律制度中，对于财务舞弊的处罚力度较小，罚款金额较低，使企业在面对较低的法律惩罚与较高的公司收益之间，选择了前者。面对上述情况，应该提高对财务舞弊行为处罚的金额。根据当前的法律规定，证监会给予康美药业60万元的罚金，同时给予警告的处分。事实上，康美药业通过财务舞弊行为获得的收益远远高于这部分罚款，也就是说，对于其公司的发展没有带来实质性的影响，而那些实施财务舞弊行为的工作人员也并未因此受到根本性的影响。纵观资本市场上财务舞弊的案件，以往《证券法》对财务舞弊的处罚上限仅仅是60万元，2019年12月28日，经修订后的《证券法》大幅度提高刑期上限和罚款、罚金数额标准，将罚金上限从之前的60万元提高至1000万元，并对违规行为应该承担的民事责任进行了完善，这说明证监会在未来会进一步提高违法成本，加强处罚的力度。同时还要完善退市机制，将退市指标规范化，设置退市风险警示制度。另外，我们对于财务舞弊行为的定性需要有明确的认识，在法律层面进行性质认定。在现有的法律制度中，对于财务舞弊行为仅仅在行政法中进行了规定，且该行政处罚的规定较轻。即使企业的财务舞弊行为触犯了行政法中情节最重的相关规定，也难以对企业的收益有本质影响。因此我们需要积极推动加强诸如刑法的相关规定，在法律规定中有刑法的相关规定，往往会很大程度上提高财务舞弊行为的犯罪成本。

财务舞弊行为的责任承担主体不应该是上市企业本身，因为这样会造成中小股东的二次伤害，对于财务舞弊的行为不能将其定义为一个企业行为，应该要追究相关工作的实际操作人员以及连带责任人。只有当施行该行为的工作人员认识到该行为的严重性，切身会受到相应处罚的影响，才会对其行为有较高的威慑作用，所以在对舞弊进行处罚时，应该考虑减免上市公司的民事处罚，而对相关责任人加大处罚力度，收取的罚金应该交与第三方托管，专门用于对中小股东的赔偿事宜。此外，对于参与舞弊的会计人员，也应该对其追责，会计人员作为会计信息的直接制造者，尽管人微言轻，但是却是财务舞弊过程中的重要一环，因此对于会计人员应该明确其参与财务舞弊的法律责任，同时建立起对其合法权益的保护机制，这样才能够保证会计信息在产生的根源上有一道监督防线，有利于减少财务舞弊的发生。

8.5 本章小结

本章分析了现有财务舞弊侦测方法的缺陷，阐述了利用年报文本信息侦测财务舞弊的可行性与重要性。信息使用者可以依据文本分析程序获取 MD&A 文本信息，解决非财务信息的可理解性较差的现状。利用文本特征的预测价值，结合信息使用者的信息需求，提取 MD&A 文本中与信息使用者价值相关的文本特征指标，并分析 MD&A 文本特征与信息使用者价值需要之间的规律，进而建立基于 MD&A 文本特征的信息价值预测模型，并开发成相应的文本程序。重构文本信息侦测财务舞弊模型，在前文的基础上尝试用最近年度的文本数据侦测财务舞弊行为。通过对 2017 年发生财务舞弊的样本进行预测分析，发现利用文本信息预测财务舞弊的结果较好，预测结果可用于监管机构对资本市场监管，提前发现并查处财务舞弊问题。

此外，后续还可以建立实务界普遍认可的 MD&A 主题词词汇表，提供所有公司年度的 MD&A 主题词词频数据，从而为非财务信息文本操纵类研究提供基础的数据库。这些数据作为文本分析的基础性数据，有利于推动中国情境下非财务信息的主题分析。

第9章 结论、局限性与未来研究方向

9.1 主要结论

9.1.1 公司财务舞弊与年报信息披露形式特征的文本操纵

（1）公司进行财务舞弊时，MD&A 文本的相似度降低、复杂度提高、语调更加乐观。但财务舞弊被查处后，MD&A 文本特征发生了完全相反的变化，即文本相似度提高、复杂度降低、语调更加不乐观。从而说明财务舞弊引起了 MD&A 文本特征的规律性变化。

（2）财务舞弊前后 MD&A 文本特征的规律性变化主要体现在舞弊之心较强、舞弊机会较多、舞弊需求较强烈以及舞弊被暴露概率较小的企业。具体而言：代理问题与融资约束程度越严重，公司越有舞弊之心；内部控制缺陷越多、公司治理效率越低，公司越有舞弊动机；股票增发与薪酬动机越强、外界压力越大，公司越有舞弊需求；地区法制环境越差、舞弊查处间隔期越长，公司舞弊被暴露的可能性越小。在上述情况下，公司更可能进行财务舞弊并利用 MD&A 文本操纵加以精心掩饰，因此也说明财务舞弊前后 MD&A 文本特征的规律性变化是公司利用 MD&A 文本操纵精心掩饰财务舞弊的策略行为。

9.1.2 公司财务舞弊与年报信息披露主题内容的文本操纵

（1）公司进行财务舞弊时，会策略性利用年报风险主题内容进行文本操纵，具体表现为：年报文本风险主题内容显著减少、特质性信息显著减少、非特质性信息显著增加。公司更可能进行财务舞弊并利用MD&A文本操纵加以精心掩饰，因此也说明财务舞弊前后MD&A文本主题内容的规律性变化是公司利用MD&A文本操纵精心掩饰财务舞弊的策略行为。

（2）公司策略性利用年报风险主题内容进行文本操纵的行为在盈余管理空间小、两职合一和法制化水平差的公司中更为显著，公司内部与外部治理状况均显著影响公司利用文本主题内容掩饰财务舞弊行为。此外，文本主题内容操纵对数字信息操纵具有替代作用；公司通过利用MD&A文本操纵精心掩饰财务舞弊的策略行为，管理者能够获取更高超额薪酬。

9.1.3 市场能否有效识别公司利用年报文本信息掩饰财务舞弊

本书利用五天、九十天以及一年三个窗口的股价变化捕捉市场识别公司利用文本操纵掩饰财务舞弊行为的过程，发现短期内市场无法识别公司刻意舞弊并精心掩饰的行为，但从中长期来看市场能逐渐察觉，并反映在股价上，说明公司利用文本操纵精心掩饰财务舞弊获得了短期收益，而市场对这种行为的渐进识别过程也体现了其部分有效。公司利用MD&A文本操纵对财务舞弊的精心掩饰，减弱了短窗口的市场反应，加剧了信息漂移现象，提高了股价崩盘风险，从而说明公司掩饰财务舞弊的信息策略行为增加了市场的识别难度。

9.1.4 利用年报文本信息侦测公司财务舞弊初探

本书分析了现有财务舞弊侦测方法的缺陷，阐述了利用年报文本侦测财务舞弊的可行性与重要性，并重构利用文本信息侦测财务舞弊模型，尝试用最近年度的文本数据侦测财务舞弊行为。通过对2017年发生财务舞弊的样本进行预测分析，发现文本信息预测财务舞弊的结果较好，预测结果可用于监管机构对资本市场监管，提前发现并查处财务舞弊问题。

9.2 研究启示

杨时展先生精辟地指出："天下未乱计先乱，天下欲治计乃治。"在财务舞弊频发的背景下，会计信息失真已严重损害投资者的权益，危害整体社会信用体系。现有研究大多从日常经营指标和公司治理结构寻找财务舞弊的蛛丝马迹，以及识别异常存货、异常应收款等基本面异常指标来判断财务造假情况，这些识别策略已不能应对日趋手段高明的粉饰行为。通过对非财务信息的深度挖掘，分析非财务信息的种类，从多个维度筛选公司财务舞弊的治理变量，便于发掘引起财务舞弊风险的相关因素，使监管者的反舞弊工作做到有的放矢、重点监控，及早发现、预测并防范财务舞弊，使财务舞弊行为无处藏身，营造相对规范的信息披露环境。同时还能为反舞弊工作提供具有建设性的意见，提出有针对性的财务舞弊治理对策，达到降低因公司财务舞弊行为给外部利益相关者带来损失的目的，有利于资本市场平稳健康发展。

9.3 研究局限性

本书研究的局限性主要体现在：

第一，公司财务舞弊样本来自中国证监会公布并查处的公司，因而本书只能观测进行舞弊且被查处的样本，少部分公司已经舞弊却未被证监会侦测，以至于“逍遥法外”，另外，少部分公司游离于财务舞弊的边缘。以上样本公司在本研究中无法被观测，因此本书可能存在样本选择偏差。

第二，目前财务、会计领域尚无公认的中文文本分析方法以及文本特征计量方式，本书尝试对 MD&A 进行文本分析并提取文本特征指标，难免缺乏权威性。同时本书尝试采用更多的可替代计量方式，比如采用字典法计量文本语调乐观程度，仍可得到相同结果，可保证本书计量方式与研究结论的可信度。

第三，本书侧重于观察财务舞弊前后所有文本形式特征与主题内容的变化规律，有利于从整体上理解公司的信息披露策略行为，不足之处在于对文本特征变化的研究缺乏深度。因此在了解整体的前提下深入研究局部，可避免只关注局部问题可能产生的偏差。在本书的基础上，可以在后续研究中深度探讨某类文本特征的变化。

第四，本书研究可以有效增强非财务信息的可理解性，从多角度剖析文本特征的变化规律并形成文本分析程序，可以被信息使用者和监管者所利用，但是要在实务界推广并发挥其在实际操作中的价值，仍有待于检验。

9.4　未来展望

第一，优化适用于信息使用者迅速获取 MD&A 文本信息的文本分析程序，解决非财务信息可理解性较差的现状。充分利用文本特征的预测价值，结合信息使用者的信息需求，提取 MD&A 文本中与信息使用者价值相关的文本特征指标，并分析 MD&A 文本特征与信息使用者价值需要之间的规律，进而建立基于 MD&A 文本特征的信息价值预测模型，并开发成相应的文本程序。

第二，研究使用计算机程序和手工识别相结合的方法，系统性操纵文本披露形式特征与文本主题内容特征的变化，构建上市公司财务舞弊风险指数，促使企业提高 MD&A 文本披露质量，为监管者侦测财务舞弊提供有力参考。

第三，建立实务界普遍认可的 MD&A 主题词词汇表，提供所有公司年度的 MD&A 主题词词频数据，从而为非财务信息文本操纵类研究提供基础的数据库。这些数据作为文本分析的基础性数据，有利于推动中文状态下非财务信息的主题分析。

附　录

字典法步骤如下：

首先，使用 Python 软件批量下载公司 PDF 版本的年报文档，运用 Adobe 软件将 PDF 转换为 txt 格式文件，通过 Python 对 txt 格式的年报提取所需文本。

其次，定位“管理层讨论与分析”段落起始位置。通过阅读年报寻找文本规律以及对比提取文本与实际文本情况后，将“管理层讨论与分析”段落起始定位词汇设定为“董事会报告”、“董事局报告”、“管理层讨论与分析”、“经营情况讨论与分析”。这些词汇可能出现在目录中，或者在前面部分以“董事会报告”等的形式出现，或者直接以“管理层讨论与分析”部分的大标题形式出现。

再次，使用 Python 截取“管理层讨论与分析”起始关键词与截止关键词间文本。根据 Kravet 和 Muslu（2013）、Campbell 等（2014）的主题词汇及主题分类，翻译成中文相应词汇及主题。再随机选取 200 份“重大风险提示”文本与 200 份“董事会报告”文本，阅读并提取其中主要类别词汇，并划分到相应主题类别。

最后，根据新华词典以及财经法律等专业词典，添加常用财务类词汇和法律类词汇以及前述词汇的相近词。去掉虚词，保留实词，同时去掉整体词频较低的词汇，并确定初步的主题词词汇（见附表）。

附表　　风险主题关键词

风险类别	关键词			
人力风险	人事	健康	人为	人员
	工资	人才	员工	职工
	佣金	知识分子	人力	骨干
	劳动	工会	团队	个人工作精力
	高管	雇员	人工	晋升
	用工	裁员	劳资	罢工
	工人	劳工	报酬	
价格风险	定价	物价	压价	价格
	议价	降价		
会计风险	会计	账单	记录	或有
供应链风险	供应商	订单	采购	库存
	买方	仓储	下游	物流
	上下游	上游	卖方	
	配送	供应链	货物	
供求风险	供需	供求	供给	需求
原材料风险	资源	气源	原材料	原料
	燃料	原辅材料		
发行风险	承销	公开发行	保荐	发行股份
媒体风险	媒体			
安全风险	伤亡	机械故障	治安	非典
	SARS	安全		
宏观风险	国家	石油	对冲	外部环境
	经济	煤	中东	亚洲危机
	能源	通货膨胀	人口	衰退
	EU	全球	战争	萧条
	居民可支配收入	不景气	欧债危机	宏观
	通胀	欧美	矿	E. U.
	国内	电力	出口	海外
	保护主义	金属	欧洲	国民

续表

风险类别	关键词			
宏观风险	进口	套期保值	黄金	钢铁
	国际	欧盟	金融危机	外国
	采矿	天然气	汽油	恐怖行动
	恐怖主义	G. N. P	GNP	G. D. P
	外贸	世界	GDP	
审批风险	审查	申请	审批	批准
	认证	审核	批复	审议
	同意	核准		
审计风险	否定意见	审计	会计师事务所	带强调事项段的无保留意见
	保留意见	无法表示意见		
客户风险	客户	服务	专用性	用户
市场风险	市场			
应对	更新	完善	规避	警惕
	做好	改造	进一步	响应
	拓展	实现	积极	创建
	履行	健全	贯彻	巩固
	建立	提高	加大	化解
	挖掘	抓住机遇	提升	防范
	争取	开拓	调整	打算
	发展	采取	构建	加强
	培训	端正	开展	改良
	深化	改型	培育	趋利避险
	计划	优化	增强	寻求
	规划	着眼	应对	利用
	树立	措施	改善	遵守
	确保	强化	对策	发挥
	关注	落实	探索	努力
	改进	解决	塑造	立足
	扩大	坚持	策划	

续表

风险类别	关键词			
成本风险	成本	电价	运费	费用
技术风险	技术	工艺	研发	研究
	创新	操作	开发	
投资风险	投资			
控股风险	实际控制人	大股东	关联交易	股权
	中小股东	子公司	母公司	关联企业
	其他股东	控股		
政治风险	政治			
政策风险	发改委	中华人民共和国	政府	调控
	国务院	标准	体制改革	央行
	财政	政策	国五条	农业部
	出台	指导意见		
未来	下一个会计年度	拟	下期	下一步
	下一年	未来	预算	设想
	下一季	预想	预示	预见
	期望	今后	预期	估计
	预报	将	希望	下个月
	目标	期待	预测	目的
	新年度	下一期	下一会计年度	预知
	来年	假定		
汇率风险	法郎	泰铢	日元	汇率
	韩元	外币	比索	美元
	币种	卢布	人民币	台币
	欧元	澳元	本位币	港币
	新加坡元	索莫尼	卢比	加拿大元
	英镑	汇兑		
法律风险	败诉	传票	违约	船边交货
	FAS	中国证券监督管理委员会	限制	宣判
	原告	管辖权	腐败	SFAS

续表

风险类别	关键词			
法律风险	律师	规定	纠纷	答辩状
	公民权	中院	调查	取证
	被告	SEC	举证	被诉
	版权	诉讼	损害	惩罚
	辩护	禁止	执照	中国证监会
	美国证券交易委员会	旁证	裁定	产权
	契约	司法	美国财务会计准则	监管
	法案	反垄断	控告	报案
	涉诉	特权	许可	法规
	美国财务会计准则委员会	申诉	反诉	起诉
	上诉	民事	查封	证监局
	意外事故	赔偿	GAAP	调解
	法律	合同	案件	FASB
	法院	手续	合法	仲裁
	IFRS	处罚	依法	规章
	禁令	条例	一般公认会计原则	问询
	违反	扣押	中级人民法院	出庭
	法庭	检察院	涉嫌	罚款
	稽查	I. F. R. S.	判决	著作权
	重述	经销权	立案	非法
	侵犯	犯罪	案情	牌照
	立法			
环保风险	废水	植被破坏	环保	废弃物
	环境保护	废气	净化	治污
	排放	空气	废物	环境治理
	生态	粉尘	污染	水土流失
	节能减排			
税收风险	契税	关税	印花税	土地增值税
	耕地占用税	营业税	递延所得税负债	个人所得税

续表

风险类别	关键词			
税收风险	纳税	应纳税	V. A. T.	车船使用税
	船舶吨税	增值税	税率	城市维护建设税
	税务	递延所得税资产	财产税	教育费附加
	税收	车船税	国税局	车辆购置税
	退税	财税	消费税	烟叶税
	企业所得税	房产税	不动产税	VAT
	城镇土地使用税			
竞争风险	替代	竞争		
管理风险	CIO	CEO	董事	经理
	首席信息官	合伙人	COO	行政
	主管	董事长	管理	营运总监
	CFO			
经营风险	业务	运输	企业文化	经营
	安置	津贴	产品	检查
	特殊目的主体	合资	专利	维修
	重建	资产国有化	公共设施	关闭
	商标	医疗	产成品	修复
	工程	家族	品牌	勾销
	交易	资产购入	维护	开工
	IT	历史	修理	奖品
	项目	外包	I. T.	摊销
	授予	生产	宣传	内部控制
	建造	奖金	联营	质量
	检修	设备	加工	分割
	产能	运营	保养	声誉
	营销	广告	扩张	安装
	处置	设施	迁移	公司文化
	商业	升级	转型	部件
	修补	主营	卫生保健	软件
	贸易			

续表

风险类别	关键词			
网络风险	互联网	网络		
股票风险	股市	股价	停牌	股票
自然风险	不可预见	灾害	不可抗力	自然
	雪灾	虫灾	龙卷风	干旱
	沙尘暴	洪水	厄尔尼诺	山洪
	台风	冻害	火灾	地震
	暴雨	泥石流	滑坡	天气
	鼠灾	海啸		
行业风险	行业	产业		
财务风险	出租	净值	开销	流动资产
	商誉	营业总收入	股利	资产证券化
	长期股权	收购	房地产	股本
	资本公积	租期	养老金	资产出售
	预收款项	储备金	专项应付款	总资产
	其他应收款	长期应收款	并购	营业外收入
	保险	长期应付款	总额	可供出售金融资产
	利润	坏账	损失	总负债
	非流动资产	股东权益	净额	持有至到期
	应付票据	融通额度	股息	花费
	折旧	稀释	资产减值	融券
	业绩	应交	少数股东	退休金
	盈利	资本来源	非流动负债	营业收入
	盈余公积	实收资本	公允价值	存货
	利得	绩效	基金	预付款项
	应收票据	流动负债	其他应付款	预计负债
	净资产	收益	资产负债表	所有者权益
	长期待摊	毛利	薪酬	专项储备
	资本支出	无形资产	福利	固定资产
	营运资本	卖空	营业外支出	交易性金融负债
	租约	合并	负债	分红
	杠杆	财务	税费	非经常性损益
	红利	内部交易	损益表	减值
	租赁			

续表

风险类别	关键词			
资金风险	筹资	融资	补偿	募集
	信用	担保	银行	评级
	补助	信贷	补贴	货币
	利息	应收账款	冻结	债券
	款项	抚恤金	存款	授信额度
	资金	利率	银团	应付账款
	交易性金融资产	流动性	供款	支付
	拨款	现金	债权	借款
	债务	贷款		
退市风险	ST	清算	暂停上市	证券交易所股票上市规则
	终止上市	破产	退市	亏损
重组风险	重大资产置换	资产重组	重整	
销售风险	销售	销量		
风险	风险	矛盾	波动	不稳定
	面临	不利	不明朗	潜在
	可能	考验	变化	压力
	复杂	影响	能否	多变
	不确定	紧张	挑战	艰巨

主要参考文献

［1］白重恩，刘俏，陆洲，宋敏，张俊喜．中国上市公司治理结构的实证研究［J］．经济研究，2005（2）：81—91.

［2］白默，李海英．企业内部控制质量对上市公司经营绩效影响研究——基于制造业上市公司的实证研究［J］．管理世界，2017（9）：176—177.

［3］陈关亭．中国上市公司财务报告舞弊因素的实证分析［J］．审计研究，2007（5）：91—96.

［4］陈国欣，吕占甲，何峰．财务报告舞弊识别的实证研究——基于中国上市公司经验数据［J］．审计研究，2007（3）：88—93.

［5］董红星．财务报告舞弊的组织伦理学分析［J］．会计研究，2016（9）：11－16.

［6］杜莉，戴倩倩．年度报告的风险信息沟通及影响因素［J］．证券市场导报，2010（7）：32—36.

［7］郭照蕊，黄俊．投资者能够提前感知公司舞弊吗？——基于会计信息价值相关性视角的研究［J］．中央财经大学学报，2017（12）：60－72.

［8］雷光勇．审计合谋与财务报告舞弊：共生与治理［J］．管理世界，2004（2）：97—103.

［9］黎文靖，杨丹．管理层为何自愿披露劳动力成本上涨风险信息——来自中国上市公司的经验证据［J］．财经研究，2013（10）：91—105.

[10] 李小荣，刘行．CEO vs CFO：性别与股价崩盘风险［J］．世界经济，2012（12）：102—129.

［11］廖冠民，吴溪．收入操纵、舞弊审计准则与审计报告谨慎性［J］．审计研究，2013（1）：103—112.

［12］刘浩，许楠，时淑慧．内部控制的“双刃剑”作用——基于预算执行与预算松弛的研究［J］．管理世界，2015（12）：130—145.

［13］刘慧龙，张敏，王亚平，吴联生．政治关联、薪酬激励与员工配置效率［J］．经济研究，2010（9）：109—121.

［14］刘行，叶康涛．增值税税率对企业价值的影响：来自股票市场反应的证据［J］．管理世界，2018（11）：12—24.

［15］刘运国，龙彦行，曾昭坤．大股东违规减持信息披露市场反应研究［J］．财务研究，2017（4）：17—27.

［16］刘志洋，韩丽荣．财务报告舞弊识别效率改善研究——基于分类技术改进和数据信息优化兼容视角［J］．财经问题研究，2018（1）：99—107.

［17］罗进辉，杜兴强．媒体报道、制度环境与股价崩盘风险［J］．会计研究，2014（9）：53—59.

［18］洪荭，胡华夏，郭春飞．基于 GONE 理论的上市公司财务报告舞弊识别研究［J］．会计研究，2012（8）：84—90.

［19］黄超，王敏．管理层利用年报语调配合盈余管理了吗？［J］．当代经济管理，2019（6）：90—97.

［20］黄世忠，陈建明．美国财务舞弊症结探究［J］．会计研究，2002（10）：24—32.

［21］黄再胜．高管薪酬自愿性披露存在信息操纵吗？——来自中国上市公司的经验证据［J］．南开管理评论，2013（4）：68—79.

［22］黄政，吴国萍．内部控制质量与股价崩盘风险：影响效果及路

径检验［J］. 审计研究，2017（4）：48—55.

［23］林乐，谢德仁. 投资者会听话听音吗？——基于管理层语调视角的实证研究［J］. 财经研究，2016（7）：28—39.

［24］吕长江，赵宇恒. 国有企业管理者激励效应研究——基于管理者权力的解释［J］. 管理世界，2008（11）：99—109.

［25］潘越，戴亦一，林超群. 信息不透明、分析师关注与个股暴跌风险［J］. 金融研究，2011（9）：138—151.

［26］钱苹，罗玫. 中国上市公司财务造假预测模型［J］. 会计研究，2015（7）：18－25.

［27］秦江萍. 上市公司财务舞弊：国外相关研究综述与启示［J］. 会计研究，2005（2）：69—74.

［28］权小锋，吴世农. 投资者关注、盈余公告效应与管理层公告择机［J］. 金融研究，2010（11）：90—107.

［29］丘心颖，郑小翠，邓可斌. 分析师能有效发挥专业解读信息的作用吗？——基于汉字年报复杂性指标的研究［J］. 经济学（季刊），2016（4）：1483—1506.

［30］宋献中，胡珺，李四海. 社会责任信息披露与股价崩盘风险——基于信息效应与声誉保险效应的路径分析［J］. 金融研究，2017（4）：161—175.

［31］王化成，曹丰，叶康涛. 监督还是掏空：大股东持股比例与股价崩盘风险［J］. 管理世界，2015（2）：45—57.

［32］王克敏，王华杰，李栋栋，戴杏云. 年报文本信息复杂性与管理者自利——来自中国上市公司的证据［J］. 管理世界，2018（12）：120—132.

［33］汪荣飞，张然. 基本面分析在中国A股市场有用吗？——来自季度财务报表的证据［J］. 金融学季刊，2018（12）：81—105.

［34］王小鲁，樊纲，余静文．中国分省份市场化指数报告［M］．北京：社会科学文献出版社，2016.

［35］王雄元．自愿性信息披露：信息租金与管制［J］．会计研究，2005（4）：25—29.

［36］王雄元，李岩琼，肖忞．年报风险信息披露有助于提高分析师预测准确度吗？［J］．会计研究，2017（10）：37—45.

［37］王雄元，高曦．年报风险信息披露与权益资金成本［J］．金融研究，2018（2）：174—191.

［38］王雄元，曾敬．年报风险信息披露与银行贷款利率［J］．金融研究，2019（1）：54—71.

［39］吴芃，卢珊，杨楠．财务舞弊视角下媒体关注的公司治理角色研究［J］．中央财经大学学报，2019（3）：51—69.

［40］吴革，叶陈刚．财务报告舞弊的特征指标研究：来自 A 股上市公司的经验数据［J］．审计研究，2008（6）：34—41.

［41］吴秋生，黄贤环．财务公司的职能配置与集团成员上市公司融资约束缓解［J］．中国工业经济，2017（9）：156—173.

［42］吴溪，张俊生．上市公司立案公告的市场反应及其含义［J］．会计研究，2014（4）：10—18.

［43］吴永明，袁春生．法律治理、投资者保护与财务舞弊：一项基于上市公司的经验证据［J］．中国工业经济，2007（3）：104—111.

［44］谢德仁，林乐．管理层语调能预示公司未来业绩吗？——基于我国上市公司年度业绩说明会的文本分析［J］．会计研究，2015（2）：20—27.

［45］阎德玉．“免疫系统论”将重塑审计新形象［J］．中国审计，2008（16）：25.

［46］杨德明，林斌，辛清泉．盈利质量、投资者非理性行为与盈余惯性［J］．金融研究，2007（2）：122—132.

[47] 杨忠莲，谢香兵．中国上市公司财务报告舞弊的经济后果——来自证监会与财政部处罚公告的市场反应［J］．审计研究，2008（1）：67—74.

[48] 姚颐，赵梅．中国式风险披露、披露水平与市场反应［J］．经济研究，2016（7）：158—172.

[49] 叶康涛，曹丰，王化成．内部控制信息披露能够降低股价崩盘风险吗？［J］．金融研究，2015（2）：192—206.

[50] 于李胜，王艳艳．信息不确定性与盈余公告后漂移现象（PEAD）——来自中国上市公司的经验证据［J］．管理世界，2006（3）：40—49.

[51] 张会丽，陆正飞．现金分布、公司治理与过度投资——基于中国上市公司及其子公司的现金持有状况的考察［J］．管理世界，2012（3）：141—150.

[52] 张曾莲，段晓彦．我国上市公司风险信息披露研究——以制造业为例［J］．财政监督，2015（23）：3—5.

[53] 赵德武，马永强．管理层舞弊、审计失败与审计模式重构——论治理系统基础审计［J］．会计研究，2006（4）：16—22.

[54] 郑登津，闫晓茗．事前风险、审计师行为与财务舞弊［J］．审计研究，2017（4）：89—96.

[55] 祝继高，王春飞．金融危机对公司现金股利政策的影响研究——基于股权结构的视角［J］．会计研究，2013（2）：38—44.

[56] 曾月明，宋新平，葛文雷．财务报表舞弊可能性的智能识别方法［J］．统计与决策，2008（2）：115—117.

[57] Abbott L. J.，Parker S.，Peters G. F. Audit Committee Characteristics and Restatements［J］. Auditing：A Journal of Practice and Theory，2004，23（1）：69—87.

[58] Albrecht W. S. , Wemz G. W. , Williams T. L. Fraud Bringing Light to the Dark Side of Business [M]. Burr Ridge, Irwin Professional Pub, 1995.

[59] Allee K. D. , Deangelis M. D. The Structure of Voluntary Disclosure Narratives: Evidence from Tone Dispersion [J]. Journal of Accounting Research, 2015, 53 (2): 241—274.

[60] Altman E. T. Financial Ratios: Discriminant Analysis and the Prediction of Corporate Failure [J]. Journal of Finance, 1968, 23 (4): 589—609.

[61] Ang J. S. , Cole R. A. , Lin J. Agency Costs and Ownership Structure [J]. Journal of Finance, 2000, 55 (1): 81—106.

[62] Arnold T. , Fishe R. P. H. , North D. The Effects of Ambiguous Information on Initial and Subsequent IPO Returns [J]. Financial Management, 2010, 39 (4): 1497—1519.

[63] Asay H. S. , Elliott W. B. , Rennekamp K. Disclosure Complexity and the Sensitivity of Investors' Valuation Judgments to Outside Information [J]. The Accounting Review, 2017, 92 (4): 1—25.

[64] Asay H. S. , Libby R. , Rennekamp K. Firm Performance, Reporting Goals and Language Choices in Narrative Disclosures [J]. Journal of Accounting and Economics, 2018, 65 (2): 380—398.

[65] Bailey C. , Filzen J. How Does Expertise Impact Risk Factor Disclosure [Z]. 2016.

[66] Balakrishnan K. , Bartov E. Analysts' Use of Qualitative Earnings Information: Evidence from the IPO Prospectus' Risk Factors Section [Z]. 2010.

[67] Ball R. , Brown P. An Empirical Evaluation of Accounting Income

Numbers [J]. Journal of Accounting Research, 1968, 6 (2): 159—178.

[68] Bao Y., Ke B., Li B., Yu Y J., Zhang J. Detecting Accounting Fraud in Publicly Traded U. S. Firms Using a Machine Learning Approach [J]. Journal of Accounting Research, 2020, 58 (1): 199—235.

[69] Barber B M., Darrough M. N. Product Reliability and Firm Value: The Experience of American and Japanese Automakers, 1973 - 1992 [J]. Journal of Political Economy, 1996, 104 (5): 1084—1099.

[70] Beatty A., Lin C., Zhang H. Are Risk Factor Disclosures Still Relevant: Evidence from Market Reactions to Risk Factor Disclosures Before and After the Financial Crisis [J]. Contemporary Accounting Research, 2018, 8 (1): 1—34.

[71] Beneish M. Incentives and Penalties Related to Earnings Overstatements that Violate GAAP [J]. The Accounting Review, 1999, 74 (4): 425—457.

[72] Bertrand M., Mullainathan S. Enjoying the Quiet Life? Corporate Governance and Managerial Preferences [J]. Journal of Political Economy, 2003, 111 (5): 1043—1075.

[73] Bloomfield R. Discussion of "Annual Report Complexity, Current Earnings and Earnings Persistence" [J]. Journal of Accounting and Economics, 2008, 45 (2): 248—252.

[74] Bochkay K., Dimitrov V. Qualitative Management Disclosures and Market Sentiment [J]. Social Science Electronic Publishing, 2014.

[75] Bonsall S., Eone A. L., Iller B. M., Ennekamp K. R. A. Plain English Measure of Financial Reporting Complexity [J]. Journal of Accounting and Economics, 2017, 63 (2): 329—357.

[76] Bologna G. J., Lindguist R. J. Fraud Auditing and Forensic Ac-

counting: New Tools and Techniques [M]. John Wiley & Sons, Inc, 1995.

[77] Bologna G. J., Lindquist R. J., Wells J. T. The Accountants Handbook of Fraud and Commercial Crime [M]. John Wiley and Sons Inc, 1993.

[78] Brazel J. F., Jones K. L., Zimbelman M. F. Using Nonfinancial Measures to Assess Fraud Risk [J]. Journal of Accounting Research, 2009, 47 (5): 1135—1166.

[79] Brown N. C., Croeley R. M., Elliott W. B. What are You Saying? Using Topic to Detect Financial Misreporting [J]. Journal of Accounting and Research, 2020, 58 (1): 237—291.

[80] Brown V. S., Tucker J. W. Large - sample Evidence on Firms' Year - over - year MD&A Modifications [J]. Journal of Accounting Research, 2011, 49 (2): 309—346.

[81] Bryan T. M., Englezou A., Dalla - Pozza L. Evidence for an Alternative Mechanism for Maintaining Telomere Length in Human Tumors and Tumor - derived Cell Lines [J]. Nature Medicine, 1997, 11 (3): 1271—1274.

[82] Calomiris C., Mason J. Contagion and Bank Failures during the Great Depression: the Chicago Banking Panic of June 1932 [J]. American Economic Review 1994, 87 (1): 863—884.

[83] Campbell J., Chen H., Dhaliwal D., Lu H., Steele L. The Information Content of Mandatory Risk Factor Disclosures in Corporate Filings [J]. Review of Accounting Studies, 2014, 19 (1): 396—455.

[84] Campbell J. L., Cecchini M., Cianci A., Ehinger A. C., Werner E. M. Do Mandatory Risk Factor Disclosures Predict the Level of Future Cash Flows and Stock returns: Evidence from Tax Risk Factor Disclosures

[Z]. 2016.

[85] Cecchini M., Aytug H., Koehler G. J., Pathak P. Detecting Management Fraud in Public Companies [J]. Management Science, 2010, 56 (2): 1146—1160.

[86] Chakrabarty B., Seetharaman A., Swanson Z., Wang X F. Management Risk Incentives and the Complexity of Corporate Disclosures [J]. Financial Management, 2018, 47 (3): 583—616.

[87] Chava S., Kumar P., Warga A. Managerial Agency and Bond Covenants [J]. Review of Financial Studies, 2010, 23 (3): 1120—1148.

[88] Chen C., Kim J. B., Yao L. Earnings Smoothing: Does it Exacerbate or Constrain Stock Price Crash Risk [J]. Journal of Corporate Finance, 2017, 42 (2): 36—54.

[89] Chen D., Chen Y., Li O Z. Foreign Residency Rights and Corporate Fraud [J]. Journal of Corporate Finance, 2018, 5 (2): 142—163.

[90] Chen J., Cumming D., Hou W. Does the External Monitoring Effect of Financial Analysts Deter Corporate Fraud in China [J]. Journal of Business Ethics, 2016, 134 (4): 727—742.

[91] Chen J., Hong H, Stein J. C. Forecasting Crashes: Trading Volume, Past Returns, and Conditional Skewness in Stock Prices [J]. Journal of Financial Economics, 2001, 61 (3): 345—381.

[92] Chen P. Banks' Acquisition of Private Information about Financial Misreporting [J]. The Accounting Review, 2016, 91 (3): 835—857.

[93] Chiu T. T., Guan Y., Kim J. B. The Effect of Risk Factor Disclosures on the Pricing of Credit Default Swaps [J]. Contemporary Accounting Research, 2018, 35 (4): 2191—2224.

[94] Core J. E., Holthausen R. W., Larcker D. F. Corporate Govern-

ance, Chief Executive Officer Compensation and Firm Performance [J]. Journal of Financial Economics, 1999, 51 (1): 371—406.

[95] Davidson R., Dey A., Smith A. Executives' "off - the - job" Behavior, Corporate Culture, and Financial Reporting Risk [J]. Journal of Financial Economics, 2015, 117 (1): 5—28.

[96] Davis A. K., Tama - sweet I. Managers' Use of Language Across Alternative Disclosure Outlets Earnings Press Releases versus MD&A [J]. Contemporary Accounting Research, 2012, 29 (3): 804—837.

[97] Dechow P., Ge W., Larson C., Sloan R. Predicting Material Accounting Misstatements [J]. Contemprary Accounting Research, 2011, 28 (1): 17—82.

[98] Dechow P., Sloan R., Sweeney A. Causes and Consequences of Earnings Manipulation: an Analysis of Firms Subject to Enforcement Actions by the SEC [J]. Contemprary Accounting Research, 1996, 13 (1): 1—36.

[99] Donelson D. C., Ege M. S., Mcinnis J. M. Internal Control Weaknesses and Financial Reporting Fraud [J]. Auditing: A Journal of Practice and Theory, 2017, 36 (3): 45—69.

[100] Dong W., Liao S., Zhang Z. Leveraging Financial Social Media Data for Corporate Fraud Detection [J]. Journal of Management Information Systems, 2018, 35 (2): 461—487.

[101] Dye R. A. An Evaluation of Essays on Disclosure' and the Disclosure Literature in Accounting [J]. Journal of Accounting and Economics, 2001, 32 (1): 181—235.

[102] Dyer T., Lang M., Stice - Lawrence. The Evolution of 10 - K Textual Disclosure: Evidence from Latent Dirichlet Allocation [J]. Journal of Accounting and Economics, 2017, 64 (2): 221—245.

[103] Efendi J., Srivastava A., Swanson E. P. Why Do Corporate Managers Misstate Financial Statements? The Role of Option Compensation and Other Factors [J]. Journal of Financial Economics, 2007, 85 (3): 667—708.

[104] Erickson M., Hanlon M., Maydew E. L. Is There a Link between Executive Equity Incentives and Accounting Fraud [J]. Journal of Accounting Research, 2006, 44 (1): 113—143.

[105] Ertugrul M., Lei J., Qiu J., Wan C. Annual Report Complexity, Tone Ambiguity and the Cost of Borrowing [J]. Journal of Financial and Quantitative Analysis, 2017, 52 (2): 811—836.

[106] Esther B., Dunbar F. C. Estimating Financial Fraud Damages with Response Coefficients [J]. Journal of Corporation Law, 2009, 35 (1): 12—49.

[107] Fama E. Efficient capital markets: Review of theory and empirical work [J]. Journal of Finance, 1970, 80 (1): 539—561.

[108] Farber D. B. Restoring Trust after Fraud: Does Corporate Governance Matter [J]. The Accounting Review, 2005, 80 (1): 539—561.

[109] Fich E. M., Shivdasani A. Financial Fraud, Director Reputation, and Shareholder Wealth [J]. Journal of Financial Economics, 2007, 86 (2): 306—336.

[110] Filzen, J. J. The Information Content of Risk Factor Disclosures in Quarterly Reports [J]. Accounting Horizons, 2015, 29 (4): 887—916.

[111] Foster. Briloff and the Capital Market [J]. Journal of Accounting Research, 1979, 17 (1): 262—274.

[112] Friedman H. S., Tucker J. S. Language and Deception [Z]. Hmrdbmk of languageand social psychology, 1990.

[113] Gaulin M. Risk Fact or Fiction: the Information Content of Risk Factor Disclosures, Working paper, 2017.

[114] Gerety M., Lehn K. The Causes and Consequences of Accounting Fraud [J]. Managerial and Decision Economics, 1997, 18 (7): 587—599.

[115] Gibert R. A., Vaughan M. D. Does the Publication of Supervisory Enforcement Actions Add to Market Discipline [J]. Research in Financial Services Private and Public Policy, 1998, 10 (1): 259—280.

[116] Goel S., Gangolly J., Faerman R. S., Uzuner O. Can Linguistic Predictors Detect Fraudulent Financial Filings [J]. Journal of Emerging Technologies in Accounting, 2010, 7 (1): 25—46.

[117] Hales J., Jason K., Venkataraman S. Who Believes the Hype: An Experimental Examination of How Language Affects Investor Judgments [J]. Journal of Accounting Research, 2011, 49 (1): 223—255.

[118] Hanley K. W., Hoberg G. The information content of ipo prospectuses [J]. Review of Financial Studies, 2010, 23 (7): 2821—2864.

[119] Healy P. The Impact of Bonus Schemes on The Selection of Accounting principles [J]. Journal of Accounting and Economics, 1985, 7 (4): 85—107.

[120] Healy P., Palepu K. Information Asymmetry, Corporate Disclosure, and the Capital Markets: a Review of the Empirical Disclosure Literature [J]. Journal of Accounting and Economics, 2001, 31 (1): 405—440.

[121] Heinle M. S., Smith K. C. A theory of risk disclosure [J]. Review of Accounting Studies, 2017, 2 (4): 1459—1491.

[122] Hoberg G., Lewis C. Do fraudulent firms produce abnormal disclosure [J]. Journal of Corporate Finance, 2017, 43 (4): 58—85.

[123] Hoberg G., Phillips G. Product Market Synergies and Competition

in Mergers and Acquisitions: A Text - Based Analysis [J]. Social Science Electronic Publishing, 23 (10): 3773—3811.

[124] Hope O. K., Hu D., Lu H. The Benefits of Specific Risk - factor Disclosures [J]. Review of Accounting Studies, 2016, 21 (4): 1005—1045.

[125] Huang K. W., Li Z. A Multilabel Text Classification Algorithm for Labeling Risk Factors in SEC Form 10 - K [J]. ACM Transactions on Management Information Systems, 2011, 2 (3): 18.

[126] Huang X., Teoh S. H., Zhang Y. Tone Management [J]. The Accounting Review, 2014, 89 (3): 1083—1113.

[127] Hutton A. P., Marcus A. J., Tehranian H. Opaque Financial Reports, R - 2, and Crash Risk [J]. Journal of Financial Economics, 2009, 94 (1): 67—86.

[128] Israelsen R. D. Tell it Like it is: Disclosed Risks and Factor Portfolios, Working paper, 2014.

[129] Jensen M. C., Meckling W. H. Theory of the Firm: Managerial Behavior, Agency Costs and Ownership Structure [J]. Journal of Financial Economics, 1976, 4 (1): 305—360.

[130] Jin L., Myers S. C. R2 Around the World: New Theory and New Tests [J]. Journal of Financial Economics, 2006, 79 (2): 257—292.

[131] Kahneman D., Tversky A. Prospect theory: an analysis of decision under risk [J]. Econometrica, 1979, 47 (2): 263—292.

[132] Kim C., Wang K., Zhang L. Complexity of 10 - K Reports and Stock Price Crash Risk [J]. Contemporary Accounting Research, 2019, 36 (2): 1184—1216.

[133] Kim O., Verrecchia R. E. Trading Volume and Price Reactions to

Public Announcements [J]. Journal of Accounting Research, 1991, 29 (2): 302—321.

[134] Kim J. B., Li Y., Zhang L. Corporate Tax Avoidance and Stock Price Crash Risk: Firm - level Analysis [J]. Journal of Financial Economics, 2011, 100 (3): 639—662.

[135] Kim J. B., Zhang L. Accounting Conservatism and Stock Price Crash Risk: Firm - level Evidence [J]. Contemporary Accounting Research, 2016, 33 (1): 412—441.

[136] Kim J. B., Li L., Lu L. Y., Yu Y. Financial Statement Comparability and Expected Crash Risk [J]. Journal of Accounting and Economics, 2016, 61 (2): 294—312.

[137] Klasa S., Ortiz - Molina H., Serfling M., Srinivasan S. Protection of Trade Secrets and Capital Structure Decisions [J]. Journal of Financial Economics, 2018, 128 (2): 266—286.

[138] Kopun D. A Review of the Research on Data Mining Techniquer in the Detection of Fraud in Financial Statement [J]. Journal of Accounting and Management. 2018, 8 (1): 1—18.

[139] Kothari S. P., Natalie M., Sugata R. Managing for the Moment: The Role of Earnings Management via Real Activities versus Accruals in SEO Valuation [J]. The Accounting Review, 2016, 91 (2): 559—586.

[140] Kothari S. P., Shu S., Peter D. W. Do Managers Withhold Bad News [J]. Journal of Accounting Research, 2009, 47 (1): 241—276.

[141] Kravet T., Muslu V. Textual Risk Disclosures and Investors' Risk Perceptions [J]. Review of Accounting Studies, 2013, 18 (4): 1088—1122.

[142] Lajili K., Zéghal D. The Disclosure of Risk Management Informa-

tion in Canadian Annual Reports, Working Papers, 2003.

[143] Larcker D. F., Zakolyukina A. A. Detecting Deceptive Discussions in Conference Calls [J]. Journal of Accounting Research, 2012, 50 (2): 495—540.

[144] Lee T. A., Ingram R. W., Howard T. P. The Difference between Earnings and Operating Cash Flow as an Indicator of Financial Reporting Fraud [J]. Contemporary Accounting Research, 1999, 16 (4): 749—786.

[145] Leonardi P. M., Neeley T. B., Gerber E. M. How Managers Use Multiple Media: Discrepant Events, Power and Timing in Redundant Communication [J]. Organization Science, 2012, 23 (1): 98—117.

[146] Li F. Do Stock Market Investors Understand the Risk Sentiment of Corporate Annual Reports, Working Paper, 2006.

[147] Li F. Annual Report Complexity, Current Earnings and Earnings Persistence [J]. Journal of Accounting and Economics, 2008, 45 (2): 221—247.

[148] Li F. The Information Content of Forward Looking Statements in Corporate Filings - A Naïve Bayesian Machine Learning Approach [J]. Journal of Accounting Research, 2010, 48 (5): 1049—1102.

[149] Li H. Repetitive Disclosures in the MD&A [J]. Journal of Business Finance and Accounting, 2019, 46 (9): 1063—1096.

[150] Li N., Yang Z. C. Customer relationship and debt contracting [Z]. 2011.

[151] Lisic L. L., Silveri S. D., Song Y. Accounting fraud, Auditing, and the Role of Government Sanctions in China [J]. Journal of Business Research, 2015, 68 (6): 1186—1195.

[152] Liu X. Corruption Culture and Corporate Misconduct [J]. Journal

of Financial Economics, 2016, 122 (2): 307—327.

[153] Lo K., Ramos F., Rogo R. Earnings Management and Annual Report Complexity [J]. Journal of Accounting and Economics, 2017, 63 (1): 1—25.

[154] Loughran T., Mcdonald B. When Is a Liability Not a Liability? Textual Analysis, Dictionaries, and 10 - Ks [J]. The Journal of Finance, 2011, 66 (1): 35—65.

[155] Loughran T., Mcdonald B. Measuring Complexity in Financial Disclosures [J]. The Journal of Finance, 2014, 69 (4): 1643—1671.

[156] Loughran T., Mcdonald B. Textual Analysis in Accounting and Finance: A Survey [J]. Journal of Accounting Research, 2016, 54 (4): 1187—1230.

[157] Maksimovic V., Titman S. Financial Policy and Reputation for Product Quality [J]. Review of Financial Studies, 1991, 4 (1): 175—200.

[158] Maines L. A., Hand J. R. M. Individuals Perceptions and Misperceptions of Time Series Properties of Quarterly Earnings [J]. The Accounting Review, 1996, 71 (3): 317—336.

[159] Marciukaityte D., Szewczyk S. H., Uzun H., Varma R. Governance and Performance Changes after Accusations of Corporate Fraud [J]. Financial Analysis Journal, 2006, 62 (3): 34—41.

[160] Marin J. M., Olivier J. P. The Dog That Did Not Bark: Insider Trading and Crashes [J]. The Journal of Finance, 2008, 63, (5): 2429—2476.

[161] Matthew L. N., James W., Pennebaker., Diane S., Jane M. Richards. Lying Words: Predicting Deception From Linguistic Styles [J]. Personality and Social Psychology Bulletin, 2003, 29 (5): 665—675.

[162] Merkley K. J. Narrative Disclosure and Earnings Performance: Evidence from R&D Disclosures [J]. The Accounting Review, 2014, 89 (2): 725—757.

[163] Miller G. S. The Press as a Watchdog for Accounting Fraud [J]. Journal of Accounting Research, 2006, 44 (5): 1001—1033.

[164] Mirakur Y. Risk Disclosure in Corporate Filings [Z]. 2011.

[165] Murphy K. J. Corporate Performance and Managerial Remuneration An Empirical Analysis [J]. Journal of Accounting and Economics, 1985, 7 (3): 1—42.

[166] Nelson K. K., Pritchard A. C. Carrot or Stick? The Shift from Voluntary to Mandatory Disclosure of Risk Factors [J]. Journal of Empirical Legal Studies, 2016, 13 (2): 266—297.

[167] Peng L., Roll A. Manipulation and Equity - Based Compensation [J]. American Economic Review, 2008, 98 (2): 285—290.

[168] Pennebaker J. W., King L. A. Linguistic Styles: Language Use as an Individual Difference [J]. Journal of Personality and Social Psychology, 1999, 77 (6): 1296—1312.

[169] Pérignon C., Smith D. R. The Level and Quality of Value - at - Risk Disclosure by Commercial Banks [J]. Journal of Banking and Finance, 2010, 34 (2): 362—377.

[170] Petrie K. P., Booth R. J., Pennebaker J. W. The Immunological Effects of Thought Suppression [J]. Journal of Personality and Social Psychology, 1998, 75 (1): 1264—1272.

[171] Perols J. L., Bowen R. M., Zimmermann C. Finding Needles in a Haystack: Using Data Analytics to Improve Fraud Prediction [J]. The Accounting Review, 2017, 92 (2): 221—245.

[172] Purda L., Skillicorn D. Accounting Variables, Deception, and a Bag of Words: Assessing the Tools of Fraud Detection [J]. Contemporary Accounting Research, 2015, 32 (3): 1193—1223.

[173] Rennekamp K. Processing Fluency and Investors Reactions to Disclosure Complexity, Journal of Accounting Research, 2012, 50 (5): 1319—1354.

[174] Rezaee Z. Causes, Consequences, and Deterence of Financial Statement Fraud [J]. Critical Perspectives on Accounting, 2005, 16 (3): 277—298.

[175] Riccardi W. N. Do Audit Firm Tenure and Size Moderate Changes in Financial Reporting Quality due to Mandatory IFRS Adoption [J]. Auditing: A Journal of Practice and Theory, 2019, 38 (4): 201—224.

[176] Rogers J. L., Buskirk A. V., Zechman L. C. Disclosure Tone and Shareholder Litigation [J]. The Accounting Review, 2011, 86 (6): 2155—2183.

[177] Schipper K. Earnings Management [J]. Accounting Horizons, 1989, 4 (3): 91—102.

[178] Skinner D. J. Why Firms Voluntarily Disclose Bad News [J]. Journal of Accounting Research, 1994, 32 (1): 38—60.

[179] Sloan R. G. Do Stock Prices Fully Reflect Information in Accruals and Cash Flows About Future Earnings [J]. The Accounting Review1998, 71 (3): 289—315.

[180] Stephens K. The Successive Use of Information and Communication Technologies at Work [J]. Communication Theory, 2007, 17 (4): 486—507.

[181] Tan H., Elaine Y., Zhou B. When the Use of Positive Language

Backfires: the Joint Effect of Tone, Complexity and Investor Sophistication on Earnings Judgments [J]. Journal of Accounting Research, 2014, 52 (1): 273—302.

[182] Vrij A., Edward K., Roberts K. P., Bull R. Detecting Deceit via Analysis of Verbal and Nonverbal Behavior [J]. Journal of Nonverbal Behavior, 2000, 24 (4): 239—264.

[183] Wang T. Y., Yu X., Winton A. Corporate Fraud and Business Conditions: Evidence from IPOs [J]. The Journal of Finance, 2010, 65 (6): 2255—2292.

[184] Wang Z., Chen M., Chin C L. Managerial Ability, Political Connections, and Fraudulent Financial Reporting in China [J]. Journal of Accounting and Public Policy, 2017, 36 (2): 141—162.

[185] Wilbanks R M., Hermanson D. R., Sharma V. D. Audit Committee Oversight of Fraud Risk: The Role of Social Ties, Professional Ties, and Governance Characteristics [J]. Accounting Horizons, 2017, 31 (3): 21—38.

[186] Wilde J. H. The Deterrent Effect of Employee Whistleblowing on Firms' Financial Misreporting and Tax Aggressiveness [J]. The Accounting Review, 2017, 92 (5): 247—280.

[187] Xie H. The Mispricing of Abnormal Accruals [J]. Accounting Review, 2001, 76 (3): 357—373.

[188] Xu N., Li X., Yuan Q., Chan K. C. Excess Perks and Stock Price Crash Risk: Evidence from China [J]. Journal of Corporate Finance, 2014, 25 (2): 419—434.